DIE SCHÖNSTEN MÄRCHEN
DER BRÜDER GRIMM
INSEL VERLAG

Die schönsten Märchen der Gebrüder Grimm

Aquarelle von Gunter Böhmer

Insel Verlag

MÄRCHEN VON EINEM, DER AUSZOG, DAS FÜRCHTEN ZU LERNEN

EIN VATER HATTE ZWEI SÖHNE, davon war der älteste klug und gescheit und wußte sich in alles wohl zu schicken, der jüngste aber war dumm, konnte nichts begreifen und lernen: und wenn ihn die Leute sahen, sprachen sie: »mit dem wird der Vater noch seine Last haben!« Wenn nun etwas zu tun war, so mußte es der älteste allzeit ausrichten: hieß ihn aber der Vater noch spät oder gar in der Nacht etwas holen, und der Weg ging dabei über den Kirchhof oder sonst einen schaurigen Ort, so antwortete er wohl: »ach nein, Vater, ich gehe nicht dahin, es gruselt mir!« denn er fürchtete sich. Oder, wenn abends beim Feuer Geschichten erzählt wurden, wobei einem die Haut schaudert, so sprachen die Zuhörer manchmal: »Ach, es gruselt mir!« Der jüngste saß in einer Ecke und hörte das mit an und konnte nicht begreifen, was es heißen sollte. »Immer sagen sie, es gruselt mir! Es gruselt mir! Mir gruselt's nicht: das wird wohl eine Kunst sein, von der ich auch nichts verstehe.«

Nun geschah es, daß der Vater einmal zu ihm sprach: »hör du, in der Ecke dort, du wirst groß und stark, du mußt auch etwas lernen, womit du dein Brot verdienst. Siehst du, wie dein Bruder sich Mühe gibt, aber an dir ist Hopfen und Malz verloren.« »Ei, Vater«, antwortete er, »ich will gerne was lernen; ja, wenn's anginge, so möchte ich lernen, daß mir's gruselte; davon verstehe ich noch gar nichts.« Der älteste lachte, als er das hörte, und dachte bei sich: »du lieber Gott, was ist mein Bruder ein Dummbart, aus dem wird sein Lebtag nichts: was ein Häkchen werden will, muß sich beizeiten krümmen.« Der Vater seufzte und antwortete ihm: »das Gruseln, das sollst du schon lernen, aber dein Brot wirst du damit nicht verdienen.«

Bald danach kam der Küster zum Besuch ins Haus, da klagte ihm der Vater seine Not und erzählte, wie sein jüngster Sohn in allen Dingen so schlecht beschlagen wäre, er wüßte nichts und lernte nichts. »Denkt Euch, als ich ihn fragte, womit er sein Brot verdienen wollte, hat er gar verlangt, das Gruseln zu lernen.« »Wenn's weiter nichts ist«, antwortete der Küster, »das kann er bei mir lernen; tut ihn nur zu mir, ich will ihn schon abhobeln.« Der Vater war es zufrieden, weil er dachte: »der Junge wird doch ein wenig zugestutzt.« Der Küster nahm ihn also ins Haus, und er mußte die Glocke läuten. Nach ein paar Tagen weckte er ihn um Mitternacht,

hieß ihn aufstehen, in den Kirchturm steigen und läuten. »Du sollst
schon lernen, was Gruseln ist«, dachte er, ging heimlich voraus, und als der
Junge oben war und sich umdrehte und das Glockenseil fassen wollte,
so sah er auf der Treppe, dem Schalloch gegenüber, eine weiße Gestalt stehen.
»Wer da?« rief er, aber die Gestalt gab keine Antwort, regte und bewegte
sich nicht. »Gib Antwort«, rief der Junge, »oder mache, daß du fortkommst, du
hast hier in der Nacht nichts zu schaffen.« Der Küster aber blieb
unbeweglich stehen, damit der Junge glauben sollte, es wäre ein Gespenst.
Der Junge rief zum zweitenmal: »was willst du hier? sprich, wenn
du ein ehrlicher Kerl bist, oder ich werfe dich die Treppe hinab.« Der Küster
dachte: »das wird so schlimm nicht gemeint sein«, gab keinen Laut
von sich und stand, als wenn er von Stein wäre. Da rief ihn der Junge zum
dritten Male an, und als das auch vergeblich war, nahm er einen Anlauf
und stieß das Gespenst die Treppe hinab, daß es zehn Stufen hinabfiel und in
einer Ecke liegen blieb. Darauf läutete er die Glocke, ging heim,
legte sich, ohne ein Wort zu sagen, ins Bett und schlief fort. Die Küsterfrau
wartete lange Zeit auf ihren Mann, aber er wollte nicht wiederkommen.
Da ward ihr endlich angst, sie weckte den Jungen und fragte: »weißt du nicht,
wo mein Mann geblieben ist? er ist vor dir auf den Turm gestiegen.«
»Nein«, antwortete der Junge, »aber da hat einer dem Schalloch gegenüber
auf der Treppe gestanden, und weil er keine Antwort geben und auch
nicht weggehen wollte, so habe ich ihn für einen Spitzbuben gehalten und
hinuntergestoßen. Geht nur hin, so werdet Ihr sehen, ob er's
gewesen ist, es sollte mir leid tun.« Die Frau sprang fort und fand ihren Mann,
der in einer Ecke lag und jammerte und ein Bein gebrochen hatte.

Sie trug ihn herab und eilte dann mit lautem Geschrei zu dem Vater des
Jungen. »Euer Junge«, rief sie, »hat ein großes Unglück angerichtet,
meinen Mann hat er die Treppe hinabgeworfen, daß er ein Bein gebrochen
hat: schafft den Taugenichts aus unserm Hause.« Der Vater erschrak,
kam herbeigelaufen und schalt den Jungen aus. »Was sind das für gottlose
Streiche, die muß dir der Böse eingegeben haben.« »Vater«, antwortete
er, »hört nur an, ich bin ganz unschuldig: er stand da in der Nacht wie einer,
der Böses im Sinne hat. Ich wußte nicht, wer's war, und habe ihn
dreimal ermahnt, zu reden oder wegzugehen.« »Ach«, sprach der Vater, »mit

9

dir erleb' ich nur Unglück, geh mir aus den Augen, ich will dich nicht
mehr ansehen.« »Ja, Vater, recht gerne, wartet nur, bis Tag ist, da will ich ausgehen und das Gruseln lernen, so versteh' ich doch eine Kunst,
die mich ernähren kann.« »Lerne, was du willst«, sprach der Vater, »mir ist alles
einerlei. Da hast du funfzig Taler, damit geh in die weite Welt und
sage keinem Menschen, wo du her bist, und wer dein Vater ist; denn ich muß
mich deiner schämen.« »Ja, Vater, wie Ihr's haben wollt, wenn Ihr nicht
mehr verlangt, das kann ich leicht in acht behalten.«

Als nun der Tag anbrach, steckte der Junge seine funfzig Taler in
die Tasche, ging hinaus auf die große Landstraße und sprach immer vor sich
hin: »wenn mir's nur gruselte! wenn mir's nur gruselte!« Da kam ein
Mann heran, der hörte das Gespräch, das der Junge mit sich selber führte, und
als sie ein Stück weiter waren, daß man den Galgen sehen konnte,
sagte der Mann zu ihm: »siehst du, dort ist der Baum, wo siebene mit des
Seilers Tochter Hochzeit gehalten haben und jetzt das Fliegen
lernen: setz dich darunter und warte, bis die Nacht kommt, so wirst du schon
das Gruseln lernen.« »Wenn weiter nichts dazu gehört«, antwortete
der Junge, »das ist leicht getan; lerne ich aber so geschwind das Gruseln,
so sollst du meine funfzig Taler haben: komm nur morgen früh
wieder zu mir.« Da ging der Junge zu dem Galgen, setzte sich darunter und
wartete, bis der Abend kam. Und weil ihn fror, machte er sich ein
Feuer an: aber um Mitternacht ging der Wind so kalt, daß er trotz des
Feuers nicht warm werden wollte. Und als der Wind die Gehenkten
gegeneinander stieß, daß sie sich hin und her bewegten, so dachte er: »du
frierst unten bei dem Feuer, was mögen die da oben erst frieren und
zappeln.« Und weil er mitleidig war, legte er die Leiter an, stieg hinauf,
knüpfte einen nach dem andern los und holte sie alle siebene herab. Darauf
schürte er das Feuer, blies es an und setzte sie rings herum, daß sie sich
wärmen sollten. Aber sie saßen da und regten sich nicht, und das Feuer ergriff
ihre Kleider. Da sprach er: »nehmt euch in acht, sonst häng' ich euch
wieder hinauf.« Die Toten aber hörten nicht, schwiegen und ließen ihre Lum-
pen fort brennen. Da ward er bös und sprach: »wenn ihr nicht acht geben
wollt, so kann ich euch nicht helfen, ich will nicht mit euch verbrennen«, und
hing sie nach der Reihe wieder hinauf. Nun setzte er sich zu seinem

10

Feuer und schlief ein, und am andern Morgen, da kam der Mann zu ihm, wollte die funfzig Taler haben und sprach: »nun, weißt du, was Gruseln ist?« »Nein«, antwortete er, »woher sollte ich's wissen? die da droben haben das Maul nicht aufgetan und waren so dumm, daß sie die paar alten Lappen, die sie am Leibe haben, brennen ließen.« Da sah der Mann, daß er die funfzig Taler heute nicht davontragen würde, ging fort und sprach: »so einer ist mir noch nicht vorgekommen.«

Der Junge ging auch seines Weges und fing wieder an vor sich hin zu reden: »ach, wenn mir's nur gruselte! Ach, wenn mir's nur gruselte!« Das hörte ein Fuhrmann, der hinter ihm herschritt, und fragte: »wer bist du?« »Ich weiß nicht«, antwortete der Junge. Der Fuhrmann fragte weiter: »wo bist du her?« »Ich weiß nicht.« »Wer ist dein Vater?« »Das darf ich nicht sagen.« »Was brummst du beständig in den Bart hinein?« »Ei«, antwortete der Junge, »ich wollte, daß mir's gruselte, aber niemand kann mir's lehren.« »Laß dein dummes Geschwätz«, sprach der Fuhrmann, »komm, gch mit mir, ich will sehen, daß ich dich unterbringe.« Der Junge ging mit dem Fuhrmann, und abends gelangten sie zu einem Wirtshaus, wo sie übernachten wollten. Da sprach er beim Eintritt in die Stube wieder ganz laut: »wenn mir's nur gruselte! wenn mir's nur gruselte!« Der Wirt, der das hörte, lachte und sprach: »wenn dich danach lüstet, dazu sollte hier wohl Gelegenheit sein.« »Ach, schweig stille«, sprach die Wirtsfrau, »so mancher Vorwitzige hat schon sein Leben eingebüßt, es wäre Jammer und Schade um die schönen Augen, wenn die das Tageslicht nicht wieder sehen sollten.« Der Junge aber sagte: »wenn's noch so schwer wäre, ich will's einmal lernen, deshalb bin ich ja ausgezogen.« Er ließ dem Wirt auch keine Ruhe, bis dieser erzählte, nicht weit davon stände ein verwünschtes Schloß, wo einer wohl lernen könnte, was Gruseln wäre, wenn er nur drei Nächte darin wachen wollte. Der König hätte dem, der's wagen wollte, seine Tochter zur Frau versprochen, und die wäre die schönste Jungfrau, welche die Sonne beschien: in dem Schlosse steckten auch große Schätze, von bösen Geistern bewacht, die würden dann frei und könnten einen Armen reich genug machen. Schon viele wären wohl hinein, aber noch keiner wieder herausgekommen. Da ging der Junge am andern Morgen vor den

11

König und sprach: »wenn's erlaubt wäre, so wollte ich wohl drei Nächte in dem verwünschten Schlosse wachen.« Der König sah ihn an, und weil er ihm gefiel, sprach er: »du darfst dir noch dreierlei ausbitten, aber es müssen leblose Dinge sein, und das darfst du mit ins Schloß nehmen.« Da antwortete er: »so bitt' ich um ein Feuer, eine Drehbank und eine Schnitzbank mit dem Messer.«

Der König ließ ihm das alles bei Tage in das Schloß tragen. Als es Nacht werden wollte, ging der Junge hinauf, machte sich in einer Kammer ein helles Feuer an, stellte die Schnitzbank mit dem Messer daneben und setzte sich auf die Drehbank. »Ach, wenn mir's nur gruselte!« sprach er, »aber hier werde ich's auch nicht lernen.« Gegen Mitternacht wollte er sich sein Feuer einmal aufschüren: wie er so hineinblies, da schrie's plötzlich aus einer Ecke: »au, miau! was uns friert!« »Ihr Narren«, rief er, »was schreit ihr? wenn euch friert, kommt, setzt euch ans Feuer und wärmt euch.« Und wie er das gesagt hatte, kamen zwei große schwarze Katzen in einem gewaltigen Sprunge herbei, setzten sich ihm zu beiden Seiten und sahen ihn mit ihren feurigen Augen ganz wild an. Über ein Weilchen, als sie sich gewärmt hatten, sprachen sie: »Kamerad, wollen wir eins in der Karte spielen?« »Warum nicht?« antwortete er, »aber zeigt einmal eure Pfoten her.« Da streckten sie die Krallen aus. »Ei«, sagte er, »was habt ihr lange Nägel! wartet, die muß ich euch erst abschneiden.« Damit packte er sie beim Kragen, hob sie auf die Schnitzbank und schraubte ihnen die Pfoten fest. »Euch habe ich auf die Finger gesehen«, sprach er, »da vergeht mir die Lust zum Kartenspiel«, schlug sie tot und warf sie hinaus ins Wasser. Als er aber die zwei zur Ruhe gebracht hatte und sich wieder zu seinem Feuer setzen wollte, da kamen aus allen Ecken und Enden schwarze Katzen und schwarze Hunde an glühenden Ketten, immer mehr und mehr, daß er sich nicht mehr bergen konnte: die schrien greulich, traten ihm auf sein Feuer, zerrten es auseinander und wollten es ausmachen. Das sah er ein Weilchen ruhig mit an, als es ihm aber zu arg ward, faßte er sein Schnitzmesser und rief: »fort mit dir, du Gesindel«, und haute auf sie los. Ein Teil sprang weg, die andern schlug er tot und warf sie hinaus in den Teich. Als er wiedergekommen war, blies er aus den Funken sein Feuer frisch an und wärmte sich.

12

Und als er so saß, wollten ihm die Augen nicht länger offen bleiben, und er bekam Lust zu schlafen. Da blickte er um sich und sah in der Ecke ein großes Bett; »das ist mir eben recht« sprach er und legte sich hinein. Als er aber die Augen zutun wollte, so fing das Bett von selbst an zu fahren und fuhr im ganzen Schloß herum. »Recht so«, sprach er, »nur besser zu.« Da rollte das Bett fort, als wären sechs Pferde vorgespannt, über Schwellen und Treppen auf und ab: auf einmal hopp hopp! warf es um, das Unterste zu oberst, daß es wie ein Berg auf ihm lag. Aber er schleuderte Decken und Kissen in die Höhe, stieg heraus und sagte: »nun mag fahren, wer Lust hat«, legte sich an sein Feuer und schlief, bis es Tag war. Am Morgen kam der König, und als er ihn da auf der Erde liegen sah, meinte er, die Gespenster hätten ihn umgebracht, und er wäre tot. Da sprach er: »es ist doch schade um den schönen Menschen.« Das hörte der Junge, richtete sich auf und sprach: »so weit ist's noch nicht!« Da verwunderte sich der König, freute sich aber und fragte, wie es ihm gegangen wäre. »Recht gut«, antwortete er, »eine Nacht wäre herum, die zwei andern werden auch herumgehen.« Als er zum Wirt kam, da machte der große Augen. »Ich dachte nicht«, sprach er, »daß ich dich wieder lebendig sehen würde; hast du nun gelernt, was Gruseln ist?« »Nein«, sagte er, »es ist alles vergeblich: wenn mir's nur einer sagen könnte!«

Die zweite Nacht ging er abermals hinauf ins alte Schloß, setzte sich zum Feuer und fing sein altes Lied wieder an: »wenn mir's nur gruselte!« Wie Mitternacht herankam, ließ sich ein Lärm und Gepolter hören, erst sachte, dann immer stärker, dann war's ein bißchen still, endlich kam mit lautem Geschrei ein halber Mensch den Schornstein herab und fiel vor ihn hin. »Heda!« rief er, »noch ein halber gehört dazu, das ist zuwenig.« Da ging der Lärm von frischem an, es tobte und heulte, und fiel die andere Hälfte auch herab. »Wart«, sprach er, »ich will dir erst das Feuer ein wenig anblasen.« Wie er das getan hatte und sich wieder umsah, da waren die beiden Stücke zusammengefahren, und saß da ein greulicher Mann auf seinem Platz. »So haben wir nicht gewettet«, sprach der Junge, »die Bank ist mein.« Der Mann wollte ihn wegdrängen, aber der Junge ließ sich's nicht gefallen, schob ihn mit Gewalt weg und setzte sich wieder auf seinen

Platz. Da fielen noch mehr Männer herab, einer nach dem andern, die holten neun Totenbeine und zwei Totenköpfe, setzten auf und spielten Kegel. Der Junge bekam auch Lust und fragte: »hört ihr, kann ich mit sein?« »Ja, wenn du Geld hast.« »Geld genug«, antwortete er, »aber eure Kugeln sind nicht recht rund.« Da nahm er die Totenköpfe, setzte sie in die Drehbank und drehte sie rund. »So, jetzt werden sie besser schüppeln«, sprach er, »heida! nun geht's lustig!« Er spielte mit und verlor etwas von seinem Geld, als es aber zwölf Uhr schlug, war alles vor seinen Augen verschwunden. Er legte sich nieder und schlief ruhig ein. Am andern Morgen kam der König und wollte sich erkundigen. »Wie ist dir's diesmal gegangen?« fragte er. »Ich habe gekegelt«, antwortete er, »und ein paar Heller verloren.« »Hat dir denn nicht gegruselt?« »Ei was«, sprach er, »lustig hab' ich mich gemacht. Wenn ich nur wüßte, was Gruseln wäre!«

In der dritten Nacht setzte er sich wieder auf seine Bank und sprach ganz verdrießlich: »wenn es mir nur gruselte!« Als es spät ward, kamen sechs große Männer und brachten eine Totenlade hereingetragen. Da sprach er: »ha, ha, das ist gewiß mein Vetterchen, das erst vor ein paar Tagen gestorben ist«, winkte mit dem Finger und rief: »komm, Vetterchen, komm!« Sie stellten den Sarg auf die Erde, er aber ging hinzu und nahm den Deckel ab: da lag ein toter Mann darin. Er fühlte ihm ans Gesicht, aber es war kalt wie Eis. »Wart«, sprach er, »ich will dich ein bißchen wärmen«, ging ans Feuer, wärmte seine Hand und legte sie ihm aufs Gesicht, aber der Tote blieb kalt. Nun nahm er ihn heraus, setzte sich ans Feuer und legte ihn auf seinen Schoß und rieb ihm die Arme, damit das Blut wieder in Bewegung kommen sollte. Als auch das nichts helfen wollte, fiel ihm ein: »wenn zwei zusammen im Bett liegen, so wärmen sie sich«, brachte ihn ins Bett, deckte ihn zu und legte sich neben ihn. Über ein Weilchen ward auch der Tote warm und fing an sich zu regen. Da sprach der Junge: »siehst du, Vetterchen, hätt' ich dich nicht gewärmt!« Der Tote aber hub an und rief: »jetzt will ich dich erwürgen.« »Was«, sagte er, »ist das mein Dank? gleich sollst du wieder in deinen Sarg«, hub ihn auf, warf ihn hinein und machte den Deckel zu; da kamen die sechs Männer und trugen ihn wieder fort. »Es will mir nicht gruseln«, sagte er, »hier lerne ich's mein Lebtag nicht.«

Da trat ein Mann herein, der war größer als alle anderen und sah

fürchterlich aus; er war aber alt und hatte einen langen weißen Bart.
»O du Wicht«, rief er, »nun sollst du bald lernen, was Gruseln ist; denn du
sollst sterben.« »Nicht so schnell«, antwortete der Junge, »soll ich
sterben, so muß ich auch dabei sein.« »Dich will ich schon packen«, sprach der
Unhold. »Sachte, sachte, mach dich nicht so breit; so stark wie du bin
ich auch und wohl noch stärker.« »Das wollen wir sehn«, sprach der Alte,
»bist du stärker als ich, so will ich dich gehn lassen; komm, wir wollen's
versuchen.« Da führte er ihn durch dunkle Gänge zu einem Schmiedefeuer,
nahm eine Axt und schlug den einen Amboß mit einem Schlag in
die Erde. »Das kann ich noch besser«, sprach der Junge und ging zu dem
andern Amboß: der Alte stellte sich neben hin und wollte zusehen,
und sein weißer Bart hing herab. Da faßte der Junge die Axt, spaltete den
Amboß auf einen Hieb und klemmte den Bart des Alten mit hinein.
»Nun hab' ich dich«, sprach der Junge, »jetzt ist das Sterben an dir.« Dann
faßte er eine Eisenstange und schlug auf den Alten los, bis er wimmerte
und bat, er möchte aufhören, er wollte ihm große Reichtümer geben. Der
Junge zog die Axt raus und ließ ihn los. Der Alte führte ihn wieder ins Schloß
zurück und zeigte ihm in einem Keller drei Kasten voll Gold. »Davon«,
sprach er, »ist ein Teil den Armen, der andere dem König, der dritte dein.«
Indem schlug es zwölfe, und der Geist verschwand, also daß der Junge
im Finstern stand. »Ich werde mir doch heraushelfen können«, sprach er,
tappte herum, fand den Weg in die Kammer und schlief dort bei
seinem Feuer ein. Am andern Morgen kam der König und sagte: »nun wirst du
gelernt haben, was Gruseln ist?« »Nein«, antwortete er, »was ist's nur?
Mein toter Vetter war da, und ein bärtiger Mann ist gekommen, der hat mir da
unten viel Geld gezeigt, aber was Gruseln ist, hat mir keiner gesagt.«
Da sprach der König: »du hast das Schloß erlöst und sollst meine Tochter
heiraten.« »Das ist all recht gut«, antwortete er, »aber ich weiß noch immer
nicht, was Gruseln ist.«

Da ward das Gold heraufgebracht und die Hochzeit gefeiert, aber der
junge König, so lieb er seine Gemahlin hatte und so vergnügt er war,
sagte doch immer: »wenn mir nur gruselte, wenn mir nur gruselte.« Das
verdroß sie endlich. Ihr Kammermädchen sprach: »ich will Hilfe schaffen,
das Gruseln soll er schon lernen.« Sie ging hinaus zum Bach, der durch

15

den Garten floß, und ließ sich einen ganzen Eimer voll Gründlinge holen.
Nachts, als der junge König schlief, mußte seine Gemahlin ihm
die Decke wegziehen und den Eimer voll kalt Wasser mit den Gründlingen
über ihn herschütten, daß die kleinen Fische um ihn herum zappelten.
Da wachte er auf und rief: »ach, was gruselt mir, was gruselt mir, liebe Frau!
Ja, nun weiß ich, was Gruseln ist.«

DER WOLF
UND DIE SIEBEN JUNGEN GEISSLEIN

DER WOLF
UND DIE SIEBEN JUNGEN GEISSLEIN

ES WAR EINMAL eine alte Geiß, die hatte sieben junge Geißlein und hatte sie lieb, wie eine Mutter ihre Kinder lieb hat. Eines Tages wollte sie in den Wald gehen und Futter holen, da rief sie alle sieben herbei und sprach: »liebe Kinder, ich will hinaus in den Wald, seid auf eurer Hut vor dem Wolf; wenn er hereinkommt, so frißt er euch alle mit Haut und Haar. Der Bösewicht verstellt sich oft, aber an seiner rauhen Stimme und an seinen schwarzen Füßen werdet ihr ihn gleich erkennen.« Die Geißlein sagten: »liebe Mutter, wir wollen uns schon in acht nehmen, Ihr könnt ohne Sorge fortgehen.« Da meckerte die Alte und machte sich getrost auf den Weg.

Es dauerte nicht lange, so klopfte jemand an die Haustür und rief: »macht auf, ihr lieben Kinder, eure Mutter ist da und hat jedem von euch etwas mitgebracht.« Aber die Geißerchen hörten an der rauhen Stimme, daß es der Wolf war: »wir machen nicht auf«, riefen sie, »du bist unsere Mutter nicht, die hat eine feine und liebliche Stimme, aber deine Stimme ist rauh; du bist der Wolf.« Da ging der Wolf fort zu einem Krämer und kaufte sich ein großes Stück Kreide: die aß er und machte damit seine Stimme fein. Dann kam er zurück, klopfte an die Haustür und rief: »macht auf, ihr lieben Kinder, eure Mutter ist da und hat jedem von euch etwas mitgebracht.« Aber der Wolf hatte seine schwarze Pfote in das Fenster gelegt, das sahen die Kinder und riefen: »wir machen nicht auf, unsere Mutter hat keinen schwarzen Fuß wie du: du bist der Wolf.« Da lief der Wolf zu einem Bäcker und sprach: »ich habe mich an den Fuß gestoßen, streich mir Teig darüber.« Und als ihm der Bäcker die Pfote bestrichen hatte, so lief er zum Müller und sprach: »streu mir weißes Mehl auf meine Pfote.« Der Müller dachte: »der Wolf will einen betrügen«, und weigerte sich, aber der Wolf sprach: »wenn du es nicht tust, so fresse ich dich.« Da fürchtete sich der Müller und machte ihm die Pfote weiß. Ja, das sind die Menschen.

Nun ging der Bösewicht zum drittenmal zu der Haustüre, klopfte an und sprach: »macht mir auf, Kinder, euer liebes Mütterchen ist heimgekommen und hat jedem von euch etwas aus dem Walde mitgebracht.« Die Geißerchen riefen: »zeig uns erst deine Pfote, damit wir wissen, daß du unser liebes Mütterchen bist.« Da legte er die Pfote ins Fenster, und als sie sahen, daß sie weiß war, so glaubten sie, es wäre alles wahr, was er sagte, und machten

die Türe auf. Wer aber hereinkam, das war der Wolf. Sie erschraken und
wollten sich verstecken. Das eine sprang unter den Tisch, das zweite ins Bett,
das dritte in den Ofen, das vierte in die Küche, das fünfte in den Schrank,
das sechste unter die Waschschüssel, das siebente in den Kasten der Wanduhr.
Aber der Wolf fand sie alle und machte nicht langes Federlesen:
eins nach dem andern schluckte er in seinen Rachen; nur das jüngste in dem
Uhrkasten, das fand er nicht. Als der Wolf seine Lust gebüßt hatte,
trollte er sich fort, legte sich draußen auf der grünen Wiese unter einen
Baum und fing an zu schlafen.

Nicht lange danach kam die alte Geiß aus dem Walde wieder heim.
Ach, was mußte sie da erblicken! Die Haustüre stand sperrweit auf:
Tisch, Stühle und Bänke waren umgeworfen, die Waschschüssel lag in
Scherben, Decke und Kissen waren aus dem Bett gezogen. Sie suchte ihre
Kinder, aber nirgend waren sie zu finden. Sie rief sie nacheinander
bei Namen, aber niemand antwortete. Endlich, als sie an das jüngste kam,
da rief eine feine Stimme: »liebe Mutter, ich stecke im Uhrkasten.«
Sie holte es heraus, und es erzählte ihr, daß der Wolf gekommen wäre und die
andern alle gefressen hätte. Da könnt ihr denken, wie sie über ihre
armen Kinder geweint hat.

Endlich ging sie in ihrem Jammer hinaus, und das jüngste Geißlein lief
mit. Als sie auf die Wiese kam, so lag da der Wolf an dem Baum und
schnarchte, daß die Äste zitterten. Sie betrachtete ihn von allen Seiten und
sah, daß in seinem angefüllten Bauch sich etwas regte und zappelte.
»Ach Gott«, dachte sie, »sollten meine armen Kinder, die er zum Abendbrot
hinuntergewürgt hat, noch am Leben sein?« Da mußte das Geißlein
nach Haus laufen und Schere, Nadel und Zwirn holen. Dann schnitt sie
dem Ungetüm den Wanst auf, und kaum hatte sie einen Schnitt getan,
so streckte schon ein Geißlein den Kopf heraus, und als sie weiterschnitt,
so sprangen nacheinander alle sechse heraus und waren noch alle
am Leben und hatten nicht einmal Schaden gelitten; denn das Ungetüm hatte
sie in der Gier ganz hinuntergeschluckt. Das war eine Freude! Da herzten
sie ihre liebe Mutter und hüpften wie ein Schneider, der Hochzeit hält.
Die Alte aber sagte: »jetzt geht und sucht Wackersteine, damit wollen wir dem
gottlosen Tier den Bauch füllen, solange es noch im Schlafe liegt.«

Da schleppten die sieben Geißerchen in aller Eile die Steine herbei und
steckten sie ihm in den Bauch, soviel sie hineinbringen konnten.
Dann nähte ihn die Alte in aller Geschwindigkeit wieder zu, daß er nichts
merkte und sich nicht einmal regte.

Als der Wolf endlich ausgeschlafen hatte, machte er sich auf die Beine,
und weil ihm die Steine im Magen so großen Durst erregten, so wollte
er zu einem Brunnen gehen und trinken. Als er aber anfing zu gehen und sich
hin und her zu bewegen, so stießen die Steine in seinem Bauch aneinander
und rappelten. Da rief er:

>was rumpelt und pumpelt
in meinem Bauch herum?
Ich meinte, es wären sechs Geißlein,
so sind's lauter Wackerstein.«

Und als er an den Brunnen kam und sich über das Wasser bückte und trinken
wollte, da zogen ihn die schweren Steine hinein, und er mußte jämmerlich
ersaufen. Als die sieben Geißlein das sahen, da kamen sie herbeigelaufen,
riefen laut: »der Wolf ist tot! Der Wolf ist tot!« und tanzten mit ihrer Mutter
vor Freude um den Brunnen herum.

HÄNSEL UND GRETEL

HÄNSEL UND GRETEL

VOR EINEM GROSSEN WALDE wohnte ein armer Holzhacker mit seiner Frau und seinen zwei Kindern; das Bübchen hieß Hänsel und das Mädchen Gretel. Er hatte wenig zu beißen und zu brechen, und einmal, als große Teuerung ins Land kam, konnte er auch das täglich Brot nicht mehr schaffen. Wie er sich nun abends im Bette Gedanken machte und sich vor Sorgen herumwälzte, seufzte er und sprach zu seiner Frau: »was soll aus uns werden? Wie können wir unsere armen Kinder ernähren, da wir für uns selbst nichts mehr haben?« »Weißt du was, Mann«, antwortete die Frau, »wir wollen morgen in aller Frühe die Kinder hinaus in den Wald führen, wo er am dicksten ist: da machen wir ihnen ein Feuer an und geben jedem noch ein Stückchen Brot; dann gehen wir an unsere Arbeit und lassen sie allein. Sie finden den Weg nicht wieder nach Haus, und wir sind sie los.« »Nein, Frau«, sagte der Mann, »das tue ich nicht; wie sollt' ich's übers Herz bringen, meine Kinder im Walde allein zu lassen; die wilden Tiere würden bald kommen und sie zerreißen.« »O du Narr«, sagte sie, »dann müssen wir alle viere Hungers sterben, du kannst nur die Bretter für die Särge hobelen«, und ließ ihm keine Ruhe, bis er einwilligte. »Aber die armen Kinder dauern mich doch«, sagte der Mann.

Die zwei Kinder hatten vor Hunger auch nicht einschlafen können und hatten gehört, was die Stiefmutter zum Vater gesagt hatte. Gretel weinte bittere Tränen und sprach zu Hänsel: »nun ist's um uns geschehen.« »Still, Gretel«, sprach Hänsel, »gräme dich nicht, ich will uns schon helfen.« Und als die Alten eingeschlafen waren, stand er auf, zog sein Röcklein an, machte die Untertüre auf und schlich sich hinaus. Da schien der Mond ganz helle, und die weißen Kieselsteine, die vor dem Haus lagen, glänzten wie lauter Batzen. Hänsel bückte sich und steckte so viel in sein Rocktäschlein, als nur hinein wollten. Dann ging er wieder zurück, sprach zu Gretel: »sei getrost, liebes Schwesterchen, und schlaf nur ruhig ein, Gott wird uns nicht verlassen«, und legte sich wieder in sein Bett.

Als der Tag anbrach, noch ehe die Sonne aufgegangen war, kam schon die Frau und weckte die beiden Kinder: »steht auf, ihr Faulenzer, wir wollen in den Wald gehen und Holz holen.« Dann gab sie jedem ein Stückchen Brot und sprach: »da habt ihr etwas für den Mittag, aber eßt's nicht vorher auf, weiter kriegt ihr nichts.« Gretel nahm das Brot

26

unter die Schürze, weil Hänsel die Steine in der Tasche hatte. Danach machten
sie sich alle zusammen auf den Weg nach dem Wald. Als sie ein
Weilchen gegangen waren, stand Hänsel still und guckte nach dem
Haus zurück und tat das wieder und immer wieder. Der Vater sprach: »Hänsel,
was guckst du da und bleibst zurück, hab acht und vergiß deine
Beine nicht.« »Ach, Vater«, sagte Hänsel, »ich sehe nach meinem weißen
Kätzchen, das sitzt oben auf dem Dach und will mir Ade sagen.«
Die Frau sprach: »Narr, das ist dein Kätzchen nicht, das ist die Morgensonne,
die auf den Schornstein scheint.« Hänsel aber hatte nicht nach dem
Kätzchen gesehen, sondern immer einen von den blanken Kieselsteinen aus
seiner Tasche auf den Weg geworfen.

Als sie mitten in den Wald gekommen waren, sprach der Vater:
»nun sammelt Holz, ihr Kinder, ich will ein Feuer anmachen, damit ihr nicht
friert.« Hänsel und Gretel trugen Reisig zusammen, einen kleinen
Berg hoch. Das Reisig ward angezündet, und als die Flamme recht hoch
brannte, sagte die Frau: »nun legt euch ans Feuer, ihr Kinder, und
ruht euch aus, wir gehen in den Wald und hauen Holz. Wenn wir fertig sind,
kommen wir wieder und holen euch ab.«

Hänsel und Gretel saßen am Feuer, und als der Mittag kam, aß jedes
sein Stücklein Brot. Und weil sie die Schläge der Holzaxt hörten,
so glaubten sie, ihr Vater wäre in der Nähe. Es war aber nicht die Holzaxt,
es war ein Ast, den er an einen dürren Baum gebunden hatte, und
den der Wind hin und her schlug. Und als sie so lange gesessen hatten, fielen
ihnen die Augen vor Müdigkeit zu, und sie schliefen fest ein. Als sie
endlich erwachten, war es schon finstere Nacht. Gretel fing an zu weinen und
sprach: »wie sollen wir nun aus dem Wald kommen!« Hänsel aber
tröstete sie: »wart nur ein Weilchen, bis der Mond aufgegangen ist, dann
wollen wir den Weg schon finden.« Und als der volle Mond aufgestiegen war,
so nahm Hänsel sein Schwesterchen an der Hand und ging den
Kieselsteinen nach, die schimmerten wie neu geschlagene Batzen und zeigten
ihnen den Weg. Sie gingen die ganze Nacht hindurch und kamen
bei anbrechendem Tag wieder zu ihres Vaters Haus. Sie klopften an die Tür,
und als die Frau aufmachte und sah, daß es Hänsel und Gretel war,
sprach sie: »ihr bösen Kinder, was habt ihr so lange im Walde geschlafen, wir

haben geglaubt, ihr wolltet gar nicht wiederkommen.« Der Vater
aber freute sich; denn es war ihm zu Herzen gegangen, daß er sie so allein
zurückgelassen hatte.

Nicht lange danach war wieder Not in allen Ecken, und die Kinder
hörten, wie die Mutter nachts im Bette zu dem Vater sprach: »alles ist wieder
aufgezehrt, wir haben noch einen halben Laib Brot, hernach hat das
Lied ein Ende. Die Kinder müssen fort, wir wollen sie tiefer in den Wald
hineinführen, damit sie den Weg nicht wieder heraus finden; es ist
sonst keine Rettung für uns.« Dem Mann fiel's schwer aufs Herz, und er dachte:
»es wäre besser, daß du den letzten Bissen mit deinen Kindern teiltest.«
Aber die Frau hörte auf nichts, was er sagte, schalt ihn und machte ihm
Vorwürfe. Wer A sagt, muß auch B sagen, und weil er das erste Mal
nachgegeben hatte, so mußte er es auch zum zweitenmal.

Die Kinder waren aber noch wach gewesen und hatten das Gespräch
mit angehört. Als die Alten schliefen, stand Hänsel wieder auf, wollte
hinaus und Kieselsteine auflesen wie das vorige Mal, aber die Frau hatte die
Tür verschlossen, und Hänsel konnte nicht heraus. Aber er tröstete sein
Schwesterchen und sprach: »weine nicht, Gretel, und schlaf nur ruhig, der
liebe Gott wird uns schon helfen.«

Am frühen Morgen kam die Frau und holte die Kinder aus dem Bette.
Sie erhielten ihr Stückchen Brot, das war aber noch kleiner als das
vorige Mal. Auf dem Wege nach dem Wald bröckelte es Hänsel in der Tasche,
stand oft still und warf ein Bröcklein auf die Erde. »Hänsel, was stehst
du und guckst dich um«, sagte der Vater, »geh deiner Wege.« »Ich sehe nach
meinem Täubchen, das sitzt auf dem Dache und will mir Ade sagen«,
antwortete Hänsel. »Narr«, sagte die Frau, »das ist dein Täubchen nicht, das ist
die Morgensonne, die auf den Schornstein oben scheint.« Hänsel
aber warf nach und nach alle Bröcklein auf den Weg.

Die Frau führte die Kinder noch tiefer in den Wald, wo sie ihr Lebtag
noch nicht gewesen waren. Da ward wieder ein großes Feuer angemacht, und
die Mutter sagte: »bleibt nur da sitzen, ihr Kinder, und wenn ihr müde
seid, könnt ihr ein wenig schlafen: wir gehen in den Wald und hauen Holz,
und abends, wenn wir fertig sind, kommen wir und holen euch ab.«
Als es Mittag war, teilte Gretel ihr Brot mit Hänsel, der sein Stück auf den

28

Weg gestreut hatte. Dann schliefen sie ein, und der Abend verging,
aber niemand kam zu den armen Kindern. Sie erwachten erst in der finstern
Nacht, und Hänsel tröstete sein Schwesterchen und sagte: »wart
nur, Gretel, bis der Mond aufgeht, dann werden wir die Brotbröcklein sehen,
die ich ausgestreut habe, die zeigen uns den Weg nach Haus.«
Als der Mond kam, machten sie sich auf, aber sie fanden kein Bröcklein mehr;
denn die vieltausend Vögel, die im Walde und im Felde umherfliegen,
die hatten sie weggepickt. Hänsel sagte zu Gretel: »wir werden den Weg schon
finden«, aber sie fanden ihn nicht. Sie gingen die ganze Nacht und
noch einen Tag von Morgen bis Abend, aber sie kamen aus dem Wald nicht
heraus und waren so hungrig; denn sie hatten nichts als die paar Beeren,
die auf der Erde standen. Und weil sie so müde waren, daß die Beine sie nicht
mehr tragen wollten, so legten sie sich unter einen Baum und schliefen ein.

Nun war's schon der dritte Morgen, daß sie ihres Vaters Haus verlassen
hatten. Sie fingen wieder an zu gehen, aber sie gerieten immer tiefer
in den Wald, und wenn nicht bald Hilfe kam, so mußten sie verschmachten.
Als es Mittag war, sahen sie ein schönes schneeweißes Vöglein auf
einem Ast sitzen, das sang so schön, daß sie stehen blieben und ihm zuhörten.
Und als es fertig war, schwang es seine Flügel und flog vor ihnen her,
und sie gingen ihm nach, bis sie zu einem Häuschen gelangten, auf dessen
Dach es sich setzte, und als sie ganz nah herankamen, so sahen sie,
daß das Häuslein aus Brot gebaut war und mit Kuchen gedeckt; aber die
Fenster waren von hellem Zucker. »Da wollen wir uns dran machen«,
sprach Hänsel, »und eine gesegnete Mahlzeit halten. Ich will ein Stück vom
Dach essen, Gretel, du kannst vom Fenster essen, das schmeckt
süß.« Hänsel reichte in die Höhe und brach sich ein wenig vom Dach ab, um
zu versuchen, wie es schmeckte, und Gretel stellte sich an die Scheiben
und knuperte daran. Da rief eine feine Stimme aus der Stube heraus:

> »knuper knuper kneischen,
> wer knupert an meinem Häuschen?«

Die Kinder antworteten:

> »der Wind, der Wind,
> das himmlische Kind«,

und aßen weiter, ohne sich irre machen zu lassen. Hänsel, dem das Dach sehr

gut schmeckte, riß sich ein großes Stück davon herunter, und Gretel
stieß eine ganze runde Fensterscheibe heraus, setzte sich nieder und tat sich
wohl damit. Da ging auf einmal die Türe auf, und eine steinalte Frau,
die sich auf eine Krücke stützte, kam herausgeschlichen.

Hänsel und Gretel erschraken so gewaltig, daß sie fallen ließen, was
sie in den Händen hielten. Die Alte aber wackelte mit dem Kopfe und sprach:
»ei, ihr lieben Kinder, wer hat euch hierher gebracht? Kommt nur herein
und bleibt bei mir, es geschieht euch kein Leid.« Sie faßte beide an der Hand
und führte sie in ihr Häuschen. Da ward gutes Essen aufgetragen, Milch
und Pfannekuchen mit Zucker, Äpfel und Nüsse. Hernach wurden zwei
schöne Bettlein weiß gedeckt, und Hänsel und Gretel legten sich
hinein und meinten, sie wären im Himmel.

Die Alte hatte sich nur so freundlich angestellt, sie war aber eine
böse Hexe, die den Kindern auflauerte, und hatte das Brothäuslein bloß gebaut,
um sie herbeizulocken. Wenn eins in ihre Gewalt kam, so machte sie
es tot, kochte es und aß es, und das war ihr ein Festtag. Die Hexen haben rote
Augen und können nicht weit sehen, aber sie haben eine feine Witterung
wie die Tiere und merken's, wenn Menschen herankommen. Als Hänsel und
Gretel in ihre Nähe kamen, da lachte sie boshaft und sprach höhnisch:
»die habe ich, die sollen mir nicht wieder entwischen.« Früh morgens, ehe die
Kinder erwacht waren, stand sie schon auf, und als sie beide so lieblich
ruhen sah, mit den vollen roten Backen, so murmelte sie vor sich hin: »Das
wird ein guter Bissen werden.« Da packte sie Hänsel mit ihrer dürren Hand und
trug ihn in einen kleinen Stall und sperrte ihn mit einer Gittertüre ein: er
mochte schreien, wie er wollte, es half ihm nichts. Dann ging sie zur Gretel,
rüttelte sie wach und rief: »steh auf, Faulenzerin, trag Wasser und koch
deinem Bruder etwas Gutes, der sitzt draußen im Stall und soll fett werden.
Wenn er fett ist, so will ich ihn essen.« Gretel fing an bitterlich zu weinen, aber
es war alles vergeblich, sie mußte tun, was die böse Hexe verlangte.

Nun ward dem armen Hänsel das beste Essen gekocht, aber Gretel
bekam nichts als Krebsschalen. Jeden Morgen schlich die Alte zu dem
Ställchen und rief: »Hänsel, streck deine Finger heraus, damit ich fühle, ob du
bald fett bist.« Hänsel streckte ihr aber ein Knöchlein heraus, und
die Alte, die trübe Augen hatte, konnte es nicht sehen und meinte, es wären

Hänsels Finger, und verwunderte sich, daß er gar nicht fett werden wollte. Als vier Wochen herum waren, und Hänsel immer mager blieb, da übernahm sie die Ungeduld, und sie wollte nicht länger warten.

»Heda, Gretel«, rief sie dem Mädchen zu, »sei flink und trag Wasser: Hänsel mag fett oder mager sein, morgen will ich ihn schlachten und kochen.« Ach, wie jammerte das arme Schwesterchen, als es das Wasser tragen mußte, und wie flossen ihm die Tränen über die Backen herunter! »Lieber Gott, hilf uns doch«, rief sie aus, »hätten uns nur die wilden Tiere im Wald gefressen, so wären wir doch zusammen gestorben.« »Spar nur dein Geblärre«, sagte die Alte, »es hilft dir alles nichts.«

Früh morgens mußte Gretel heraus, den Kessel mit Wasser aufhängen und Feuer anzünden. »Erst wollen wir backen«, sagte die Alte, »ich habe den Backofen schon eingeheizt und den Teig geknetet.« Sie stieß das arme Gretel hinaus zu dem Backofen, aus dem die Feuerflammen schon herausschlugen. »Kriech hinein«, sagte die Hexe, »und sieh zu, ob recht eingeheizt ist, damit wir das Brot hineinschieben können.« Und wenn Gretel darin war, wollte sie den Ofen zumachen, und Gretel sollte darin braten, und dann wollte sie's auch aufessen. Aber Gretel merkte, was sie im Sinn hatte, und sprach: »ich weiß nicht, wie ich's machen soll; wie komm' ich da hinein?« »Dumme Gans«, sagte die Alte, »die Öffnung ist groß genug, siehst du wohl, ich könnte selbst hinein«, krabbelte heran und steckte den Kopf in den Backofen. Da gab ihr Gretel einen Stoß, daß sie weit hineinfuhr, machte die eiserne Tür zu und schob den Riegel vor. Hu! da fing sie an zu heulen, ganz grauselich; aber Gretel lief fort, und die gottlose Hexe mußte elendiglich verbrennen.

Gretel aber lief schnurstracks zum Hänsel, öffnete sein Ställchen und rief: »Hänsel, wir sind erlöst, die alte Hexe ist tot.« Da sprang Hänsel heraus wie ein Vogel aus dem Käfig, wenn ihm die Türe aufgemacht wird. Wie haben sie sich gefreut, sind sich um den Hals gefallen, sind herumgesprungen und haben sich geküßt! Und weil sie sich nicht mehr zu fürchten brauchten, so gingen sie in das Haus der Hexe hinein, da standen in allen Ecken Kasten mit Perlen und Edelsteinen. »Die sind noch besser als Kieselsteine«, sagte Hänsel und steckte in seine Taschen, was hinein wollte, und Gretel sagte: »ich will auch etwas mit nach Haus

bringen«, und füllte sich sein Schürzchen voll. »Aber jetzt wollen
wir fort«, sagte Hänsel, »damit wir aus dem Hexenwald herauskommen.« Als
sie aber ein paar Stunden gegangen waren, gelangten sie an ein
großes Wasser. »Wir können nicht hinüber«, sprach Hänsel, »ich sehe keinen
Steg und keine Brücke.« »Hier fährt auch kein Schiffchen«, antwortete
Gretel, »aber da schwimmt eine weiße Ente, wenn ich die bitte, so hilft sie uns
hinüber.« Da rief sie:

»Entchen, Entchen, da steht Gretel und Hänsel.

Kein Steg und keine Brücke,

nimm uns auf deinen weißen Rücken.«

Das Entchen kam auch heran, und Hänsel setzte sich auf und bat sein
Schwesterchen, sich zu ihm zu setzen. »Nein«, antwortete Gretel, »es wird dem
Entchen zu schwer, es soll uns nacheinander hinüber bringen.« Das tat das
gute Tierchen, und als sie glücklich drüben waren und ein Weilchen
fortgingen, da kam ihnen der Wald immer bekannter und immer bekannter
vor, und endlich erblickten sie von weitem ihres Vaters Haus. Da fingen
sie an zu laufen, stürzten in die Stube hinein und fielen ihrem Vater um den
Hals. Der Mann hatte keine frohe Stunde gehabt, seitdem er die
Kinder im Walde gelassen hatte, die Frau aber war gestorben. Gretel schüttete
sein Schürzchen aus, daß die Perlen und Edelsteine in der Stube
herumsprangen, und Hänsel warf eine Handvoll nach der andern aus seiner
Tasche dazu. Da hatten alle Sorgen ein Ende, und sie lebten in lauter
Freude zusammen. Mein Märchen ist aus, dort läuft eine Maus, wer sie fängt,
darf sich eine große, große Pelzkappe daraus machen.

DAS TAPFERE SCHNEIDERLEIN

AN EINEM SOMMERMORGEN saß ein Schneiderlein auf seinem Tisch am Fenster, war guter Dinge und nähte aus Leibeskräften. Da kam eine Bauersfrau die Straße herab und rief: »gut Mus feil! Gut Mus feil!« Das klang dem Schneiderlein lieblich in die Ohren, er steckte sein zartes Haupt zum Fenster hinaus und rief: »hier herauf, liebe Frau, hier wird sie ihre Ware los.« Die Frau stieg die drei Treppen mit ihrem schweren Korbe zu dem Schneider herauf und mußte die Töpfe sämtlich vor ihm auspacken. Er besah sie alle, hob sie in die Höhe, hielt die Nase dran und sagte endlich: »das Mus scheint mir gut, wieg' sie mir doch vier Lot ab, liebe Frau, wenn's auch ein Viertelpfund ist, kommt es mir nicht darauf an.« Die Frau, welche gehofft hatte, einen guten Absatz zu finden, gab ihm, was er verlangte, ging aber ganz ärgerlich und brummig fort. »Nun, das Mus soll mir Gott gesegnen«, rief das Schneiderlein, »und soll mir Kraft und Stärke geben«, holte das Brot aus dem Schrank, schnitt sich ein Stück über den ganzen Laib und strich das Mus darüber. »Das wird nicht bitter schmecken«, sprach er, »aber erst will ich den Wams fertig machen, eh' ich anbeiße.« Er legte das Brot neben sich, nähte weiter und machte vor Freude immer größere Stiche. Indes stieg der Geruch von dem süßen Mus hinauf an die Wand, wo die Fliegen in großer Menge saßen, so daß sie herangelockt wurden und sich scharenweis darauf niederließen. »Ei, wer hat euch eingeladen?« sprach das Schneiderlein und jagte die ungebetenen Gäste fort. Die Fliegen aber, die kein Deutsch verstanden, ließen sich nicht abweisen, sondern kamen in immer größerer Gesellschaft wieder. Da lief dem Schneiderlein endlich, wie man sagt, die Laus über die Leber, es langte aus seiner Hölle nach einem Tuchlappen und: »wart, ich will es euch geben!« schlug es unbarmherzig drauf. Als es abzog und zählte, so lagen nicht weniger als sieben vor ihm tot und streckten die Beine. »Bist du so ein Kerl?« sprach er und mußte selbst seine Tapferkeit bewundern, »das soll die ganze Stadt erfahren.« Und in der Hast schnitt sich das Schneiderlein einen Gürtel, nähte ihn und stickte mit großen Buchstaben darauf: »siebene auf einen Streich!« »Ei, was Stadt!« sprach er weiter, »die ganze Welt soll's erfahren!« und sein Herz wackelte ihm vor Freude wie ein Lämmerschwänzchen.

Der Schneider band sich den Gürtel um den Leib und wollte in die Welt hinaus, weil er meinte, die Werkstätte sei zu klein für seine Tapferkeit.

Eh' er abzog, suchte er im Haus herum, ob nichts da wäre, was er mitnehmen könnte, er fand aber nichts als einen alten Käs, den steckte er ein.

Vor dem Tore bemerkte er einen Vogel, der sich im Gesträuch gefangen hatte, der mußte zu dem Käse in die Tasche. Nun nahm er den Weg tapfer zwischen die Beine, und weil er leicht und behend war, fühlte er keine Müdigkeit. Der Weg führte ihn auf einen Berg, und als er den höchsten Gipfel erreicht hatte, so saß da ein gewaltiger Riese und schaute sich ganz gemächlich um. Das Schneiderlein ging beherzt auf ihn zu, redete ihn an und sprach: »guten Tag, Kamerad, gelt, du sitzest da und besiehst dir die weitläuftige Welt? Ich bin eben auf dem Wege dahin und will mich versuchen. Hast du Lust mitzugehen?« Der Riese sah den Schneider verächtlich an und sprach: »du Lump! du miserabler Kerl!« »Das wäre!« antwortete das Schneiderlein, knöpfte den Rock auf und zeigte dem Riesen den Gürtel, »da kannst du lesen, was ich für ein Mann bin.« Der Riese las: »siebene auf einen Streich«, meinte, das wären Menschen gewesen, die der Schneider erschlagen hätte, und kriegte ein wenig Respekt vor dem kleinen Kerl. Doch wollte er ihn erst prüfen, nahm einen Stein in die Hand und drückte ihn zusammen, daß das Wasser heraustropfte. »Das mach mir nach«, sprach der Riese, »wenn du Stärke hast.« »Ist's weiter nichts?« sagte das Schneiderlein, »das ist bei unsereinem Spielwerk«, griff in die Tasche, holte den weichen Käs und drückte ihn, daß der Saft herauslief. »Gelt«, sprach er, »das war ein wenig besser?« Der Riese wußte nicht, was er sagen sollte, und konnte es von dem Männlein nicht glauben. Da hob der Riese einen Stein auf und warf ihn so hoch, daß man ihn mit Augen kaum noch sehen konnte: »nun, du Erpelmännchen, das tu mir nach.« »Gut geworfen«, sagte der Schneider, »aber der Stein hat doch wieder zur Erde herabfallen müssen; ich will dir einen werfen, der soll gar nicht wiederkommen«, griff in die Tasche, nahm den Vogel und warf ihn in die Luft. Der Vogel, froh über seine Freiheit, stieg auf, flog fort und kam nicht wieder. »Wie gefällt dir das Stückchen, Kamerad?« fragte der Schneider. »Werfen kannst du wohl«, sagte der Riese, »aber nun wollen wir sehen, ob du imstande bist, etwas Ordentliches zu tragen.« Er führte das Schneiderlein zu einem mächtigen Eichbaum, der da gefällt auf dem Boden lag, und sagte: »wenn du stark genug bist, so hilf mir den Baum aus dem Walde heraustragen.« »Gerne«, antwortete der kleine Mann, »nimm du nur den Stamm auf deine Schulter, ich will die Äste mit dem Gezweig aufheben und tragen, das ist doch das schwerste.« Der Riese nahm den Stamm auf die Schulter, der Schneider aber setzte sich auf einen Ast, und der Riese, der sich nicht umsehen konnte, mußte den ganzen Baum und das Schneiderlein noch obendrein forttragen. Es war da hinten ganz lustig und guter Dinge, pfiff das Liedchen: »es ritten drei Schneider zum Tore hinaus«, als wäre das Baumtragen ein Kinderspiel. Der Riese, nachdem er ein Stück Wegs die schwere Last fortgeschleppt hatte, konnte nicht weiter und rief: »hör, ich muß den Baum fallen lassen.« Der Schneider sprang behendiglich herab, faßte den Baum mit beiden Armen, als wenn er ihn getragen hätte, und sprach zum Riesen: »du bist ein so großer Kerl und kannst den Baum nicht einmal tragen.«

Sie gingen zusammen weiter, und als sie an einem Kirschbaum vorbeikamen, faßte der Riese die Krone des Baums, wo die zeitigsten Früchte hingen, bog sie herab, gab sie dem Schneider in die Hand und hieß ihn essen. Das Schneiderlein aber war viel zu schwach, um den Baum zu halten, und als der Riese losließ, fuhr der Baum in die Höhe, und der Schneider ward mit in die Luft geschnellt. Als er wieder ohne Schaden herabgefallen war, sprach der Riese: »was ist das, hast du nicht Kraft, die schwache Gerte zu halten?« »An der Kraft fehlt es nicht«, antwortete das Schneiderlein, »meinst du, das wäre etwas für einen, der siebene mit einem Streich getroffen hat? Ich bin über den Baum gesprungen, weil die Jäger da unten in das Gebüsch schießen. Spring nach, wenn du's vermagst.« Der Riese machte den Versuch, konnte aber nicht über den Baum kommen, sondern blieb in den Ästen hängen, also daß das Schneiderlein auch hier die Oberhand behielt.

Der Riese sprach: »wenn du ein so tapferer Kerl bist, so komm mit in unsere Höhle und übernachte bei uns.« Das Schneiderlein war bereit und folgte ihm. Als sie in der Höhle anlangten, saßen da noch andere Riesen beim Feuer, und jeder hatte ein gebratenes Schaf in der Hand und aß davon. Das Schneiderlein sah sich um und dachte: »es ist doch hier viel weitläuftiger als in meiner Werkstatt.« Der Riese wies ihm ein Bett an und sagte, er sollte sich hineinlegen und ausschlafen. Dem Schneiderlein war aber das Bett zu groß; er legte sich nicht hinein, sondern kroch in eine Ecke. Als es Mitternacht war, und der Riese meinte, das Schneiderlein läge in tiefem Schlafe, so stand er auf, nahm eine große Eisenstange und schlug das Bett mit einem Schlag durch und meinte, er hätte dem Grashüpfer den Garaus gemacht. Mit dem frühsten Morgen gingen die Riesen in den Wald und hatten das Schneiderlein ganz vergessen; da kam es auf einmal ganz lustig und verwegen daher geschritten. Die Riesen erschraken, fürchteten, es schlüge sie alle tot, und liefen in einer Hast fort.

Das Schneiderlein zog weiter, immer seiner spitzen Nase nach. Nachdem es lange gewandert war, kam es in den Hof eines königlichen Palastes, und da es Müdigkeit empfand, so legte es sich ins Gras und schlief ein. Während es da lag, kamen die Leute, betrachteten es von allen Seiten und lasen auf dem Gürtel: »siebene auf einen Streich.« »Ach«, sprachen sie, »was will der große Kriegsheld hier mitten im Frieden? Das muß ein mächtiger Herr sein.« Sie gingen und meldeten es dem König und meinten, wenn Krieg ausbrechen sollte, wäre das ein wichtiger und nützlicher Mann, den man um keinen Preis fortlassen dürfte. Dem König gefiel der Rat, und er schickte einen von seinen Hofleuten an das Schneiderlein ab, der sollte ihm, wenn es aufgewacht wäre, Kriegsdienste anbieten. Der Abgesandte blieb bei dem Schläfer stehen, wartete, bis er seine Glieder streckte und die Augen aufschlug, und brachte dann seinen Antrag vor. »Eben deshalb bin ich hierher gekommen«, antwortete er, »ich bin bereit, in des Königs Dienste zu treten.« Also ward er ehrenvoll empfangen und ihm eine besondere Wohnung angewiesen.

Die Kriegsleute aber waren dem Schneiderlein aufgesessen und wünschten, es wäre tausend Meilen weit weg. »Was soll daraus werden?« sprachen sie untereinander, »wenn wir Zank mit ihm kriegen, und er haut zu, so fallen auf jeden Streich siebene. Da kann unsereiner nicht bestehen.« Also faßten sie einen Entschluß, begaben sich allesamt zum König und baten um ihren Abschied. »Wir sind nicht gemacht«, sprachen sie, »neben einem Mann auszuhalten, der siebene auf einen Streich schlägt.« Der König war traurig, daß er um des einen willen alle seine treuen Diener verlieren sollte, wünschte, daß seine Augen ihn nie gesehen hätten, und wäre ihn gerne wieder los gewesen. Aber er getraute sich nicht, ihm den Abschied zu geben, weil er fürchtete, er möchte ihn samt seinem Volke totschlagen und sich auf den königlichen Thron setzen. Er sann lange hin und her; endlich fand er einen Rat. Er schickte zu dem Schneiderlein und ließ ihm sagen, weil er ein so großer Kriegsheld wäre, so wollte er ihm ein Anerbieten machen. In einem Walde seines Landes hausten zwei Riesen, die mit Rauben, Morden, Sengen und Brennen großen Schaden stifteten; niemand dürfte sich ihnen nahen, ohne sich in Lebensgefahr zu setzen. Wenn er diese beiden Riesen überwände und tötete, so wollte er ihm seine einzige Tochter zur Gemahlin geben und das halbe Königreich zur Ehesteuer; auch sollten hundert Reiter mitziehen und ihm Beistand leisten. »Das wäre so etwas für einen Mann, wie du bist«, dachte das Schneiderlein, »eine schöne Königstochter und ein halbes Königreich wird einem nicht alle Tage angeboten.« »O ja«, gab er zur Antwort, »die Riesen will ich schon bändigen und habe die hundert Reiter dabei nicht nötig: wer siebene auf einen Streich trifft, braucht sich vor zweien nicht zu fürchten.«

Das Schneiderlein zog aus, und die hundert Reiter folgten ihm. Als er zu dem Rand des Waldes kam, sprach er zu seinen Begleitern: »bleibt hier nur halten, ich will schon allein mit den Riesen fertig werden.« Dann sprang er in den Wald hinein und schaute sich rechts und links um. Über ein Weilchen erblickte er beide Riesen: sie lagen unter einem Baume und schliefen und schnarchten dabei, daß sich die Äste auf und nieder bogen. Das Schneiderlein, nicht faul, las beide Taschen voll Steine und stieg damit auf den Baum. Als es in der Mitte war, rutschte es auf einem Ast, bis es gerade über die Schläfer zu sitzen kam, und ließ dem einen Riesen einen Stein nach dem andern auf die Brust fallen. Der Riese spürte lange nichts, doch endlich wachte er auf, stieß seinen Gesellen an und sprach: »was schlägst du mich?« »Du träumst«, sagte der andere, »ich schlage dich nicht.« Sie legten sich wieder zum Schlaf, da warf der Schneider auf den zweiten einen Stein herab. »Was soll das?« rief der andere, »warum wirfst du mich?« »Ich werfe dich nicht«, antwortete der erste und brummte. Sie zankten sich eine Weile herum, doch weil sie müde waren, ließen sie's gut sein, und die Augen fielen ihnen wieder zu. Das Schneiderlein fing sein Spiel von neuem an, suchte den dicksten Stein aus und warf ihn dem ersten Riesen mit aller Gewalt auf die Brust. »Das ist zu arg!« schrie er, sprang wie ein Unsinniger auf und stieß seinen Gesellen wider den Baum, daß dieser zitterte. Der andere zahlte mit gleicher Münze, und sie gerieten in solche Wut, daß sie Bäume ausrissen, aufeinander losschlugen, so lang, bis sie endlich beide zugleich tot auf die Erde fielen. Nun sprang das Schneiderlein herab. »Ein Glück nur«, sprach es, »daß sie den Baum, auf dem ich saß, nicht ausgerissen haben, sonst hätte ich wie ein Eichhörnchen auf einen anderen springen müssen: doch unsereiner ist flüchtig!« Es zog sein Schwert und versetzte jedem ein paar tüchtige Hiebe in die Brust; dann ging es hinaus zu den Reitern und sprach: »die Arbeit ist getan, ich habe beiden den Garaus gemacht: aber hart ist es hergegangen, sie haben in der Not Bäume ausgerissen und sich gewehrt, doch das hilft alles nichts, wenn einer kommt wie ich, der siebene auf einen Streich schlägt.« »Seid Ihr denn nicht verwundet?« fragten die Reiter. »Das hat gute Wege«, antwortete der Schneider, »kein Haar haben sie mir gekrümmt.« Die Reiter wollten ihm keinen Glauben beimessen und ritten in den Wald hinein: da fanden sie die Riesen in ihrem Blute schwimmend, und rings herum lagen die ausgerissenen Bäume.

Das Schneiderlein verlangte von dem König die versprochene Belohnung; den aber reute sein Versprechen, und er sann aufs neue, wie er sich den Helden vom Halse schaffen könnte. »Ehe du meine Tochter und das halbe Reich erhältst«, sprach er zu ihm, »mußt du noch eine Heldentat vollbringen. In dem Walde läuft ein Einhorn, das großen Schaden anrichtet, das mußt du erst einfangen.« »Vor einem Einhorne fürchte ich mich noch weniger als vor zwei Riesen; siebene auf einen Streich, das ist meine Sache.« Er nahm sich einen Strick und eine Axt mit, ging hinaus in den Wald und hieß abermals die, welche ihm zugeordnet waren, außen warten. Er brauchte nicht lange zu suchen, das Einhorn kam bald daher und sprang geradezu auf den Schneider los, als wollte es ihn ohne Umstände aufspießen. »Sachte, sachte«, sprach er, »so geschwind geht das nicht«, blieb stehen und wartete, bis das Tier ganz nahe war, dann sprang er behendiglich hinter den Baum. Das Einhorn rannte mit aller Kraft gegen den Baum und spießte sein Horn so fest in den Stamm, daß es nicht Kraft

41

genug hatte, es wieder herauszuziehen, und so war es gefangen. »Jetzt hab' ich das Vöglein«, sagte der Schneider, kam hinter dem Baum hervor, legte dem Einhorn den Strick erst um den Hals, dann hieb er mit der Axt das Horn aus dem Baum, und als alles in Ordnung war, führte er das Tier ab und brachte es dem König.

Der König wollte ihm den verheißenen Lohn noch nicht gewähren und machte eine dritte Forderung. Der Schneider sollte ihm vor der Hochzeit erst ein Wildschwein fangen, das in dem Wald großen Schaden tat; die Jäger sollten ihm Beistand leisten. »Gerne«, sprach der Schneider, »das ist ein Kinderspiel.« Die Jäger nahm er nicht mit in den Wald, und sie waren's wohl zufrieden; denn das Wildschwein hatte sie schon mehrmals so empfangen, daß sie keine Lust hatten, ihm nachzustellen. Als das Schwein den Schneider erblickte, lief es mit schäumendem Mund und wetzenden Zähnen auf ihn zu und wollte ihn zur Erde werfen: der flüchtige Held aber sprang in eine Kapelle, die in der Nähe war, und gleich oben zum Fenster in einem Satze wieder hinaus. Das Schwein war hinter ihm hergelaufen, er aber hüpfte außen herum und schlug die Türe hinter ihm zu; da war das wütende Tier gefangen, das viel zu schwer und unbehilflich war, um zu dem Fenster hinauszuspringen. Das Schneiderlein rief die Jäger herbei, die mußten den Gefangenen mit eigenen Augen sehen: der Held aber begab sich zum Könige, der nun, er mochte wollen oder nicht, sein Versprechen halten mußte und ihm seine Tochter und das halbe Königreich übergab. Hätte er gewußt, daß kein Kriegsheld, sondern ein Schneiderlein vor ihm stand, es wäre ihm noch mehr zu Herzen gegangen. Die Hochzeit ward also mit großer Pracht und kleiner Freude gehalten und aus einem Schneider ein König gemacht.

Nach einiger Zeit hörte die junge Königin in der Nacht, wie ihr Gemahl im Traume sprach: »Junge, mach mir den Wams und flick mir die Hosen, oder ich will dir die Elle über die Ohren schlagen.« Da merkte sie, in welcher Gasse der junge Herr geboren war, klagte am andern Morgen ihrem Vater ihr Leid und bat, er möchte ihr von dem Manne helfen, der nichts anders als ein Schneider wäre. Der König sprach ihr Trost zu und sagte: »laß in der nächsten Nacht deine Schlafkammer offen; meine Diener sollen außen stehen und, wenn er eingeschlafen ist, hineingehen, ihn binden

und auf ein Schiff tragen, das ihn in die weite Welt führt.« Die Frau
war damit zufrieden, des Königs Waffenträger aber, der alles mitangehört hatte,
war dem jungen Herrn gewogen und hinterbrachte ihm den ganzen
Anschlag. »Dem Ding will ich einen Riegel vorschieben«, sagte das Schneiderlein. Abends legte es sich zu gewöhnlicher Zeit mit seiner Frau zu Bett:
als sie glaubte, er sei eingeschlafen, stand sie auf, öffnete die Türe und
legte sich wieder. Das Schneiderlein, das sich nur stellte, als wenn
es schlief, fing an mit heller Stimme zu rufen: »Junge, mach mir den
Wams und flick mir die Hosen, oder ich will dir die Elle über die Ohren
schlagen! Ich habe siebene mit einem Streich getroffen, zwei Riesen
getötet, ein Einhorn fortgeführt und ein Wildschwein gefangen und sollte mich
vor denen fürchten, die draußen vor der Kammer stehen!« Als diese den
Schneider also sprechen hörten, überkam sie eine große Furcht; sie
liefen, als wenn das wilde Heer hinter ihnen wäre, und keiner wollte sich mehr
an ihn wagen. Also war und blieb das Schneiderlein sein Lebtag ein König.

ASCHENPUTTEL

ASCHENPUTTEL

EINEM REICHEN MANNE, dem wurde seine Frau krank, und als sie fühlte, daß ihr Ende herankam, rief sie ihr einziges Töchterlein zu sich ans Bett und sprach: »liebes Kind, bleib fromm und gut, so wird dir der liebe Gott immer beistehen, und ich will vom Himmel auf dich herabblicken und will um dich sein.« Darauf tat sie die Augen zu und verschied. Das Mädchen ging jeden Tag hinaus zu dem Grabe der Mutter und weinte und blieb fromm und gut. Als der Winter kam, deckte der Schnee ein weißes Tüchlein auf das Grab, und als die Sonne im Frühjahr es wieder herabgezogen hatte, nahm sich der Mann eine andere Frau.

Die Frau hatte zwei Töchter mit ins Haus gebracht, die schön und weiß von Angesicht waren, aber garstig und schwarz von Herzen. Da ging eine schlimme Zeit für das arme Stiefkind an. »Soll die dumme Gans bei uns in der Stube sitzen!« sprachen sie, »wer Brot essen will, muß es verdienen: hinaus mit der Küchenmagd.« Sie nahmen ihm seine schönen Kleider weg, zogen ihm einen grauen alten Kittel an und gaben ihm hölzerne Schuhe. »Seht einmal die stolze Prinzessin, wie sie geputzt ist!« riefen sie, lachten und führten es in die Küche. Da mußte es von Morgen bis Abend schwere Arbeit tun, früh vor Tag aufstehn, Wasser tragen, Feuer anmachen, kochen und waschen. Obendrein taten ihm die Schwestern alles ersinnliche Herzeleid an, verspotteten es und schütteten ihm die Erbsen und Linsen in die Asche, so daß es sitzen und sie wieder auslesen mußte. Abends, wenn es sich müde gearbeitet hatte, kam es in kein Bett, sondern mußte sich neben den Herd in die Asche legen. Und weil es darum immer staubig und schmutzig aussah, nannten sie es *Aschenputtel*.

Es trug sich zu, daß der Vater einmal in die Messe ziehen wollte, da fragte er die beiden Stieftöchter, was er ihnen mitbringen sollte? »Schöne Kleider«, sagte die eine; »Perlen und Edelsteine«, die zweite. »Aber du, Aschenputtel«, sprach er, »was willst du haben?« »Vater, das erste Reis, das Euch auf Eurem Heimweg an den Hut stößt, das brecht für mich ab.« Er kaufte nun für die beiden Stiefschwestern schöne Kleider, Perlen und Edelsteine, und auf dem Rückweg, als er durch einen grünen Busch ritt, streifte ihn ein Haselreis und stieß ihm den Hut ab. Da brach er das Reis ab und nahm es mit. Als er nach Haus kam, gab er den Stieftöchtern, was sie sich gewünscht hatten, und dem Aschenputtel gab er das Reis von dem Haselbusch. Aschenputtel dankte ihm, ging zu seiner Mutter Grab und pflanzte das Reis darauf und weinte so sehr, daß die Tränen darauf niederfielen und es begossen. Es wuchs aber und ward ein schöner Baum. Aschenputtel ging alle Tage dreimal darunter, weinte und betete, und allemal kam ein weißes Vöglein auf den Baum, und wenn es einen Wunsch aussprach, so warf ihm das Vöglein herab, was es sich gewünscht hatte.

Es begab sich aber, daß der König ein Fest anstellte, das drei Tage dauern sollte, und wozu alle schönen Jungfrauen im Lande eingeladen wurden, damit sich sein Sohn eine Braut aussuchen möchte. Die zwei Stiefschwestern, als sie hörten, daß sie auch dabei erscheinen sollten, waren guter Dinge, riefen Aschenputtel und sprachen: »kämm uns die Haare, bürste uns die Schuhe und mache uns die Schnallen fest; wir gehen zur Hochzeit auf des Königs Schloß.« Aschenputtel gehorchte, weinte aber, weil es auch gern zum Tanz mitgegangen wäre, und bat die Stiefmutter, sie möchte es ihm erlauben. »Du, Aschenputtel«, sprach sie, »bist voll Staub und Schmutz und willst zur Hochzeit? Du hast keine Kleider und Schuhe und willst tanzen!« Als es aber mit Bitten anhielt, sprach sie endlich: »da habe ich dir eine Schüssel Linsen in die Asche geschüttet, wenn du die Linsen in zwei Stunden wieder ausgelesen hast, so sollst du mitgehen.« Das Mädchen ging durch die Hintertüre nach dem Garten und rief: »ihr zahmen Täubchen, ihr Turteltäubchen, all ihr Vöglein unter dem Himmel, kommt und helft mir lesen,

> die guten ins Töpfchen,
> die schlechten ins Kröpfchen.«

Da kamen zum Küchenfenster zwei weiße Täubchen herein und danach die Turteltäubchen, und endlich schwirrten und schwärmten alle Vöglein unter dem Himmel herein und ließen sich um die Asche nieder. Und die Täubchen nickten mit den Köpfchen und fingen an pik, pik, pik, pik, und da fingen die übrigen auch an pik, pik, pik, pik, und lasen alle guten Körnlein in die Schüssel. Kaum war eine Stunde herum, so waren sie schon fertig und flogen alle wieder hinaus. Da brachte das Mädchen die Schüssel der Stiefmutter, freute sich und glaubte, es dürfte nun mit auf die Hochzeit gehen. Aber sie sprach: »nein, Aschenputtel, du hast keine Kleider und kannst nicht tanzen: du wirst nur ausgelacht.« Als es

nun weinte, sprach sie: »wenn du mir zwei Schüsseln voll Linsen in einer
Stunde aus der Asche rein lesen kannst, so sollst du mitgehen«,
und dachte: »das kann es ja nimmermehr.« Als sie die zwei Schüsseln Linsen
in die Asche geschüttet hatte, ging das Mädchen durch die Hintertüre
nach dem Garten und rief: »ihr zahmen Täubchen, ihr Turteltäubchen, all ihr
Vöglein unter dem Himmel, kommt und helft mir lesen,

     die guten ins Töpfchen,

     die schlechten ins Kröpfchen.«

Da kamen zum Küchenfenster zwei weiße Täubchen herein und danach die
Turteltäubchen, und endlich schwirrten und schwärmten alle Vöglein
unter dem Himmel herein und ließen sich um die Asche nieder. Und die
Täubchen nickten mit ihren Köpfchen und fingen an pik, pik, pik, pik,
und da fingen die übrigen auch an pik, pik, pik, pik, und lasen alle guten
Körner in die Schüsseln. Und eh' eine halbe Stunde herum war,
waren sie schon fertig und flogen alle wieder hinaus. Da trug das Mädchen
die Schüsseln zu der Stiefmutter, freute sich und glaubte, nun dürfte
es mit auf die Hochzeit gehen. Aber sie sprach: »es hilft dir alles nichts:
du kommst nicht mit; denn du hast keine Kleider und kannst
nicht tanzen; wir müßten uns deiner schämen.« Darauf kehrte sie ihm den
Rücken zu und eilte mit ihren zwei stolzen Töchtern fort.

     Als nun niemand mehr daheim war, ging Aschenputtel zu seiner Mutter
Grab unter den Haselbaum und rief:

     »Bäumchen, rüttel dich und schüttel dich,

     wirf Gold und Silber über mich.«

Da warf ihm der Vogel ein golden und silbern Kleid herunter und mit Seide
und Silber ausgestickte Pantoffeln. In aller Eile zog es das Kleid an
und ging zur Hochzeit. Seine Schwestern aber und die Stiefmutter kannten
es nicht und meinten, es müßte eine fremde Königstochter sein, so
schön sah es in dem goldenen Kleide aus. An Aschenputtel dachten sie gar
nicht und dachten, es säße daheim im Schmutz und suchte die Linsen
aus der Asche. Der Königssohn kam ihm entgegen, nahm es bei der Hand und
tanzte mit ihm. Er wollte auch mit sonst niemand tanzen, also daß
er ihm die Hand nicht losließ, und wenn ein anderer kam, es aufzufordern,
sprach er: »das ist meine Tänzerin.«

Es tanzte, bis es Abend war; da wollte es nach Haus gehen. Der Königssohn aber sprach: »ich gehe mit und begleite dich«, denn er wollte sehen, wem das schöne Mädchen angehörte. Sie entwischte ihm aber und sprang in das Taubenhaus. Nun wartete der Königssohn, bis der Vater kam, und sagte ihm, das fremde Mädchen wär' in das Taubenhaus gesprungen. Der Alte dachte: »sollte es Aschenputtel sein?« und sie mußten ihm Axt und Hacken bringen, damit er das Taubenhaus entzweischlagen konnte: aber es war niemand darin. Und als sie ins Haus kamen, lag Aschenputtel in seinen schmutzigen Kleidern in der Asche, und ein trübes Öllämpchen brannte im Schornstein; denn Aschenputtel war geschwind aus dem Taubenhaus hinten herabgesprungen und war zu dem Haselbäumchen gelaufen: da hatte es die schönen Kleider abgezogen und aufs Grab gelegt, und der Vogel hatte sie wieder weggenommen, und dann hatte es sich in seinem grauen Kittelchen in die Küche zur Asche gesetzt.

Am andern Tag, als das Fest von neuem anhub, und die Eltern und Stiefschwestern wieder fort waren, ging Aschenputtel zu dem Haselbaum und sprach:

»Bäumchen, rüttel dich und schüttel dich,
wirf Gold und Silber über mich.«

Da warf der Vogel ein noch viel stolzeres Kleid herab als am vorigen Tag. Und als es mit diesem Kleide auf der Hochzeit erschien, erstaunte jedermann über seine Schönheit. Der Königssohn aber hatte gewartet, bis es kam, nahm es gleich bei der Hand und tanzte nur allein mit ihm. Wenn die andern kamen und es aufforderten, sprach er: »das ist meine Tänzerin.«
Als es nun Abend war, wollte es fort, und der Königssohn ging ihm nach und wollte sehen, in welches Haus es ging: aber es sprang ihm fort und in den Garten hinter dem Haus. Darin stand ein schöner großer Baum, an dem die herrlichsten Birnen hingen; es kletterte so behend wie ein Eichhörnchen zwischen die Äste, und der Königssohn wußte nicht, wo es hingekommen war. Er wartete aber, bis der Vater kam, und sprach zu ihm: »das fremde Mädchen ist mir entwischt, und ich glaube, es ist auf den Birnbaum gesprungen.« Der Vater dachte: »sollte es Aschenputtel sein?« ließ sich die Axt holen und hieb den Baum um, aber es war niemand darauf. Und als sie in die Küche kamen, lag Aschenputtel da in der

51

Asche wie sonst auch; denn es war auf der andern Seite vom Baum herabgesprungen, hatte dem Vogel auf dem Haselbäumchen die schönen
Kleider wiedergebracht und sein graues Kittelchen angezogen.

Am dritten Tag, als die Eltern und Schwestern fort waren, ging
Aschenputtel wieder zu seiner Mutter Grab und sprach zu dem Bäumchen:

»Bäumchen, rüttel dich und schüttel dich,
   wirf Gold und Silber über mich.«

Nun warf ihm der Vogel ein Kleid herab, das war so prächtig und glänzend,
wie es noch keins gehabt hatte, und die Pantoffeln waren ganz golden.
Als es in dem Kleid zu der Hochzeit kam, wußten sie alle nicht, was sie vor
Verwunderung sagen sollten. Der Königssohn tanzte ganz allein mit
ihm, und wenn es einer aufforderte, sprach er: »das ist meine Tänzerin.«

Als es nun Abend war, wollte Aschenputtel fort, und der Königssohn
wollte es begleiten, aber es entsprang ihm so geschwind, daß er nicht
folgen konnte. Der Königssohn hatte aber eine List gebraucht und hatte die
ganze Treppe mit Pech bestreichen lassen: da war, als es hinabsprang,
der linke Pantoffel des Mädchens hängen geblieben. Der Königssohn hob ihn
auf, und er war klein und zierlich und ganz golden. Am nächsten
Morgen ging er damit zu dem Mann und sagte zu ihm: »keine andere soll
meine Gemahlin werden als die, an deren Fuß dieser goldene Schuh
paßt.« Da freuten sich die beiden Schwestern; denn sie hatten schöne Füße.
Die älteste ging mit dem Schuh in die Kammer und wollte ihn
anprobieren, und die Mutter stand dabei. Aber sie konnte mit der großen
Zehe nicht hineinkommen, und der Schuh war ihr zu klein; da reichte
ihr die Mutter ein Messer und sprach: »hau die Zehe ab: wann du Königin bist,
so brauchst du nicht mehr zu Fuß zu gehen.« Das Mädchen hieb
die Zehe ab, zwängte den Fuß in den Schuh, verbiß den Schmerz und ging
heraus zum Königssohn. Da nahm er sie als seine Braut aufs Pferd
und ritt mit ihr fort. Sie mußten aber an dem Grabe vorbei; da saßen die zwei
Täubchen auf dem Haselbäumchen und riefen:

»rucke di guck, rucke di guck,
   Blut ist im Schuck (Schuh):
   Der Schuck ist zu klein,
   die rechte Braut sitzt noch daheim.«

52

Da blickte er auf ihren Fuß und sah, wie das Blut herausquoll. Er wendete sein
Pferd um, brachte die falsche Braut wieder nach Haus und sagte, das
wäre nicht die rechte; die andere Schwester sollte den Schuh anziehen. Da
ging diese in die Kammer und kam mit den Zehen glücklich in den
Schuh, aber die Ferse war zu groß. Da reichte ihr die Mutter ein Messer und
sprach: »hau ein Stück von der Ferse ab: wann du Königin bist,
brauchst du nicht mehr zu Fuß zu gehen.« Das Mädchen hieb ein Stück von
der Ferse ab, zwängte den Fuß in den Schuh, verbiß den Schmerz
und ging heraus zum Königssohn. Da nahm er sie als seine Braut aufs Pferd
und ritt mit ihr fort. Als sie an dem Haselbäumchen vorbeikamen,
saßen die zwei Täubchen darauf und riefen:

>   »rucke di guck, rucke di guck,
>   Blut ist im Schuck:
>   Der Schuck ist zu klein,
>   die rechte Braut sitzt noch daheim.«

Er blickte nieder auf ihren Fuß und sah, wie das Blut aus dem Schuh quoll
und an den weißen Strümpfen ganz rot heraufgestiegen war. Da
wendete er sein Pferd und brachte die falsche Braut wieder nach Haus. »Das
ist auch nicht die rechte«, sprach er, »habt ihr keine andere Tochter?«
»Nein«, sagte der Mann, »nur von meiner verstorbenen Frau ist noch ein
kleines verbuttetes Aschenputtel da: das kann unmöglich die Braut
sein.« Der Königssohn sprach, er sollte es heraufschicken, die Mutter aber
antwortete: »ach nein, das ist viel zu schmutzig, das darf sich nicht
sehen lassen.« Er wollte es aber durchaus haben, und Aschenputtel mußte
gerufen werden. Da wusch es sich erst Hände und Angesicht rein,
ging dann hin und neigte sich vor dem Königssohn, der ihm den goldenen
Schuh reichte. Dann setzte es sich auf einen Schemel, zog den Fuß
aus dem schweren Holzschuh und steckte ihn in den Pantoffel: der war wie
angegossen. Und als es sich in die Höhe richtete, und der König
ihm ins Gesicht sah, so erkannte er das schöne Mädchen, das mit ihm getanzt
hatte, und rief: »das ist die rechte Braut!« Die Stiefmutter und die
beiden Schwestern erschraken und wurden bleich vor Ärger: er aber nahm
Aschenputtel aufs Pferd und ritt mit ihm fort. Als sie an dem Haselbäumchen vorbeikamen, riefen die zwei weißen Täubchen:

»rucke di guck, rucke di guck,
kein Blut ist im Schuck:
Der Schuck ist nicht zu klein,
die rechte Braut, die führt er heim.«
Und als sie das gerufen hatten, kamen sie beide herabgeflogen und setzten
sich dem Aschenputtel auf die Schultern, eine rechts, die andere links,
und blieben da sitzen.

Als die Hochzeit mit dem Königssohn sollte gehalten werden, kamen die
falschen Schwestern, wollten sich einschmeicheln und teil an seinem
Glück nehmen. Als die Brautleute nun zur Kirche gingen, war die älteste zur
rechten, die jüngste zur linken Seite: da pickten die Tauben einer
jeden das eine Auge aus. Hernach, als sie herausgingen, war die älteste zur
linken und die jüngste zur rechten: da pickten die Tauben einer jeden
das andere Auge aus. Und waren sie also für ihre Bosheit und Falschheit mit
Blindheit auf ihr Lebtag gestraft.

FRAU HOLLE

EINE WITWE HATTE zwei Töchter, davon war die eine schön und fleißig, die andere häßlich und faul. Sie hatte aber die häßliche und faule, weil sie ihre rechte Tochter war, viel lieber, und die andere mußte alle Arbeit tun und der Aschenputtel im Hause sein. Das arme Mädchen mußte sich täglich auf die große Straße bei einem Brunnen setzen und mußte so viel spinnen, daß ihm das Blut aus den Fingern sprang. Nun trug es sich zu, daß die Spule einmal ganz blutig war; da bückte es sich damit in den Brunnen und wollte sie abwaschen: sie sprang ihm aber aus der Hand und fiel hinab. Es weinte, lief zur Stiefmutter und erzählte ihr das Unglück. Sie schalt es aber so heftig und war so unbarmherzig, daß sie sprach: »hast du die Spule hinunterfallen lassen, so hol sie auch wieder herauf.« Da ging das Mädchen zu dem Brunnen zurück und wußte nicht, was es anfangen sollte: und in seiner Herzensangst sprang es in den Brunnen hinein, um die Spule zu holen. Es verlor die Besinnung, und als es erwachte und wieder zu sich selber kam, war es auf einer schönen Wiese, wo die Sonne schien, und viel tausend Blumen standen. Auf dieser Wiese ging es fort und kam zu einem Backofen, der war voller Brot; das Brot aber rief: »ach, zieh mich raus, zieh mich raus, sonst verbrenn' ich: ich bin schon längst ausgebacken.« Da trat es herzu und holte mit dem Brotschieber alles nacheinander heraus. Danach ging es weiter und kam zu einem Baum, der hing voll Äpfel und rief ihm zu: »ach, schüttel mich, schüttel mich, wir Äpfel sind alle miteinander reif.« Da schüttelte es den Baum, daß die Äpfel fielen, als regneten sie, und schüttelte, bis keiner mehr oben war; und als es alle in einen Haufen zusammengelegt hatte, ging es wieder weiter. Endlich kam es zu einem kleinen Haus, daraus guckte eine alte Frau, weil sie aber so große Zähne hatte, ward ihm angst, und es wollte fortlaufen. Die alte Frau aber rief ihm nach: »was fürchtest du dich, liebes Kind? Bleib bei mir, wenn du alle Arbeit im Hause ordentlich tun willst, so soll dir's gut gehn. Du mußt nur acht geben, daß du mein Bett gut machst und es fleißig aufschüttelst, daß die Federn fliegen. Dann schneit es in der Welt; ich bin die Frau Holle.« Weil die Alte ihm so gut zusprach, so faßte sich das Mädchen ein Herz, willigte ein und begab sich in ihren Dienst. Es besorgte auch alles nach ihrer Zufriedenheit und schüttelte ihr das Bett immer gewaltig auf, daß die Federn

wie Schneeflocken umherflogen; dafür hatte es auch ein gut Leben
bei ihr, kein böses Wort und alle Tage Gesottenes und Gebratenes. Nun war
es eine Zeitlang bei der Frau Holle, da ward es traurig und wußte
anfangs selbst nicht, was ihm fehlte, endlich merkte es, daß es Heimweh war;
ob es ihm hier gleich viel tausendmal besser ging als zu Haus, so hatte
es doch ein Verlangen dahin. Endlich sagte es zu ihr: »ich habe den Jammer
nach Haus kriegt, und wenn es mir auch noch so gut hier unten geht,
so kann ich doch nicht länger bleiben, ich muß wieder hinauf zu den
Meinigen.« Die Frau Holle sagte: »es gefällt mir, daß du wieder nach Haus
verlangst, und weil du mir so treu gedient hast, so will ich dich selbst wieder
hinaufbringen.« Sie nahm es darauf bei der Hand und führte es vor
ein großes Tor. Das Tor ward aufgetan, und wie das Mädchen gerade darunter
stand, fiel ein gewaltiger Goldregen, und alles Gold blieb an ihm
hängen, so daß es über und über davon bedeckt war. »Das sollst du haben,
weil du so fleißig gewesen bist«, sprach die Frau Holle und gab ihm
auch die Spule wieder, die ihm in den Brunnen gefallen war. Darauf ward das
Tor verschlossen, und das Mädchen befand sich oben auf der Welt,
nicht weit von seiner Mutter Haus: und als es in den Hof kam, saß der Hahn
auf dem Brunnen und rief:

»kikeriki, unsere goldene Jungfrau ist wieder hie.«
Da ging es hinein zu seiner Mutter, und weil es so gut mit Gold bedeckt
ankam, ward es von ihr und der Schwester gut aufgenommen.

Das Mädchen erzählte alles, was ihm begegnet war, und als die Mutter
hörte, wie es zu dem großen Reichtum gekommen war, wollte sie
der andern häßlichen und faulen Tochter gerne dasselbe Glück verschaffen.
Sie mußte sich an den Brunnen setzen und spinnen, und damit ihre
Spule blutig ward, stach sie sich in die Finger und stieß sich die Hand in die
Dornhecke. Dann warf sie die Spule in den Brunnen und sprang
selber hinein. Sie kam wie die andere auf die schöne Wiese und ging auf
demselben Pfade weiter. Als sie zu dem Backofen gelangte, schrie das
Brot wieder: »ach, zieh mich raus, zieh mich raus, sonst verbrenn’ ich, ich bin
schon längst ausgebacken.« Die Faule aber antwortete: »da hätt’
ich Lust, mich schmutzig zu machen«, und ging fort. Bald kam sie zu dem
Apfelbaum, der rief: »ach, schüttel mich, schüttel mich, wir Äpfel

sind alle miteinander reif.« Sie antwortete aber: »du kommst mir recht, es
könnte mir einer auf den Kopf fallen«, und ging damit weiter. Als
sie vor der Frau Holle Haus kam, fürchtete sie sich nicht, weil sie von ihren
großen Zähnen schon gehört hatte, und verdingte sich gleich zu ihr.
Am ersten Tag tat sie sich Gewalt an, war fleißig und folgte der Frau Holle,
wenn sie ihr etwas sagte; denn sie dachte an das viele Gold, das sie
ihr schenken würde; am zweiten Tag aber fing sie schon an zu faulenzen, am
dritten noch mehr, da wollte sie morgens gar nicht aufstehen. Sie
machte auch der Frau Holle das Bett nicht, wie sich's gebührte, und schüttelte
es nicht, daß die Federn aufflogen. Das ward die Frau Holle bald
müde und sagte ihr den Dienst auf. Die Faule war das wohl zufrieden und
meinte, nun würde der Goldregen kommen; die Frau Holle führte
sie auch zu dem Tor, als sie aber darunter stand, ward statt des Goldes ein
großer Kessel voll Pech ausgeschüttet. »Das ist zur Belohnung deiner
Dienste«, sagte die Frau Holle und schloß das Tor zu. Da kam die Faule heim,
aber sie war ganz mit Pech bedeckt, und der Hahn auf dem Brunnen,
als er sie sah, rief:

     »kikeriki, unsere schmutzige Jungfrau ist wieder hie.«
Das Pech aber blieb fest an ihr hängen und wollte, solange sie lebte, nicht
abgehen.

ROTKÄPPCHEN

ROTKÄPPCHEN

ES WAR EINMAL eine kleine süße Dirne, die hatte jedermann lieb, der sie nur ansah, am allerliebsten aber ihre Großmutter, die wußte gar nicht, was sie alles dem Kinde geben sollte. Einmal schenkte sie ihm ein Käppchen von rotem Sammet, und weil ihm das so wohl stand, und es nichts anders mehr tragen wollte, hieß es nur das Rotkäppchen. Eines Tages sprach seine Mutter zu ihm: »komm, Rotkäppchen, da hast du ein Stück Kuchen und eine Flasche Wein, bring das der Großmutter hinaus; sie ist krank und schwach und wird sich daran laben. Mach dich auf, bevor es heiß wird, und wenn du hinauskommst, so geh hübsch sittsam und lauf nicht vom Weg ab: sonst fällst du und zerbrichst das Glas, und die Großmutter hat nichts. Und wenn du in ihre Stube kommst, so vergiß nicht, guten Morgen zu sagen, und guck nicht erst in alle Ecken herum.«

»Ich will schon alles gut machen«, sagte Rotkäppchen zur Mutter und gab ihr die Hand darauf. Die Großmutter aber wohnte draußen im Wald, eine halbe Stunde vom Dorf. Wie nun Rotkäppchen in den Wald kam, begegnete ihm der Wolf. Rotkäppchen aber wußte nicht, was das für ein böses Tier war, und fürchtete sich nicht vor ihm. »Guten Tag, Rotkäppchen«, sprach er. »Schönen Dank, Wolf.« »Wo hinaus so früh, Rotkäppchen?« »Zur Großmutter.« »Was trägst du unter der Schürze?« »Kuchen und Wein: gestern haben wir gebacken; da soll sich die kranke und schwache Großmutter etwas zu gut tun und sich damit stärken.« »Rotkäppchen, wo wohnt deine Großmutter?« »Noch eine gute Viertelstunde weiter im Wald, unter den drei großen Eichbäumen, da steht ihr Haus, unten sind die Nußhecken, das wirst du ja wissen«, sagte Rotkäppchen. Der Wolf dachte bei sich: »das junge zarte Ding, das ist ein fetter Bissen, der wird noch besser schmecken als die Alte: du mußt es listig anfangen, damit du beide erschnappst.« Da ging er ein Weilchen neben Rotkäppchen her; dann sprach er: »Rotkäppchen sieh einmal die schönen Blumen, die rings umherstehen, warum guckst du dich nicht um? ich glaube, du hörst gar nicht, wie die Vöglein so lieblich singen? du gehst ja für dich hin, als wenn du zur Schule gingst, und ist so lustig haußen in dem Wald.«

Rotkäppchen schlug die Augen auf, und als es sah, wie die Sonnenstrahlen durch die Bäume hin und her tanzten, und alles voll schöner

Blumen stand, dachte es: »wenn ich der Großmutter einen frischen
Strauß mitbringe, der wird ihr auch Freude machen; es ist so früh am Tag,
daß ich doch zu rechter Zeit ankomme«, lief vom Wege ab in den
Wald hinein und suchte Blumen. Und wenn es eine gebrochen hatte, meinte
es, weiter hinaus stände eine schönere, und lief darnach und geriet
immer tiefer in den Wald hinein. Der Wolf aber ging geradeswegs nach dem
Haus der Großmutter und klopfte an die Türe. »Wer ist draußen?«
»Rotkäppchen, das bringt Kuchen und Wein, mach auf.« »Drück nur auf die
Klinke«, rief die Großmutter, »ich bin zu schwach und kann nicht
aufstehen.« Der Wolf drückte auf die Klinke, die Türe sprang auf, und er ging,
ohne ein Wort zu sprechen, gerade zum Bett der Großmutter und
verschluckte sie. Dann tat er ihre Kleider an, setzte ihre Haube auf, legte sich
in ihr Bett und zog die Vorhänge vor.

Rotkäppchen aber war nach den Blumen herumgelaufen, und als es so
viel zusammen hatte, daß es keine mehr tragen konnte, fiel ihm die
Großmutter wieder ein, und es machte sich auf den Weg zu ihr. Es wunderte
sich, daß die Türe aufstand, und wie es in die Stube trat, so kam es ihm
so seltsam darin vor, daß es dachte: »ei, du mein Gott, wie ängstlich wird mir's
heute zu Mut, und bin sonst so gerne bei der Großmutter!« Es rief:
»guten Morgen«, bekam aber keine Antwort. Darauf ging es zum Bett und zog
die Vorhänge zurück: da lag die Großmutter und hatte die Haube tief
ins Gesicht gesetzt und sah so wunderlich aus. »Ei, Großmutter, was hast du
für große Ohren!« »Daß ich dich besser hören kann.« »Ei, Großmutter,
was hast du für große Augen!« »Daß ich dich besser sehen kann.«
»Ei, Großmutter, was hast du für große Hände!« »Daß ich dich besser packen
kann.« »Aber, Großmutter, was hast du für ein entsetzlich großes Maul!«
»Daß ich dich besser fressen kann.« Kaum hatte der Wolf das gesagt, so tat
er einen Satz aus dem Bette und verschlang das arme Rotkäppchen.

Wie der Wolf sein Gelüsten gestillt hatte, legte er sich wieder ins Bett,
schlief ein und fing an überlaut zu schnarchen. Der Jäger ging eben
an dem Haus vorbei und dachte: »wie die alte Frau schnarcht, du mußt doch
sehen, ob ihr etwas fehlt.« Da trat er in die Stube, und wie er vor das
Bette kam, so sah er, daß der Wolf darin lag. »Finde ich dich hier, du alter
Sünder«, sagte er, »ich habe dich lange gesucht.« Nun wollte er

seine Büchse anlegen, da fiel ihm ein, der Wolf könnte die Großmutter gefressen haben, und sie wäre noch zu retten: schoß nicht, sondern nahm eine Schere und fing an, dem schlafenden Wolf den Bauch aufzuschneiden. Wie er ein paar Schnitte getan hatte, da sah er das rote Käppchen leuchten, und noch ein paar Schnitte, da sprang das Mädel heraus und rief: »ach, wie war ich erschrocken, wie war's so dunkel in dem Wolf seinem Leib!« Und dann kam die alte Großmutter auch noch lebendig heraus und konnte kaum atmen. Rotkäppchen aber holte geschwind große Steine, damit füllten sie dem Wolf den Leib, und wie er aufwachte, wollte er fortspringen, aber die Steine waren so schwer, daß er gleich niedersank und sich tot fiel.

Da waren alle drei vergnügt; der Jäger zog dem Wolf den Pelz ab und ging damit heim, die Großmutter aß den Kuchen und trank den Wein, den Rotkäppchen gebracht hatte, und erholte sich wieder, Rotkäppchen aber dachte: »du willst dein Lebtag nicht wieder allein vom Wege ab in den Wald laufen, wenn dir's die Mutter verboten hat.«

Es wird auch erzählt, daß einmal, als Rotkäppchen der alten Großmutter wieder Gebackenes brachte, ein anderer Wolf ihm zugesprochen und es vom Wege habe ableiten wollen. Rotkäppchen aber hütete sich und ging gerade fort seines Wegs und sagte der Großmutter, daß es dem Wolf begegnet wäre, der ihm guten Tag gewünscht, aber so bös aus den Augen geguckt hätte: »wenn's nicht auf offner Straße gewesen wäre, er hätte mich gefressen.« »Komm«, sagte die Großmutter, »wir wollen die Türe verschließen, daß er nicht herein kann.« Bald darnach klopfte der Wolf an und rief: »mach auf, Großmutter, ich bin das Rotkäppchen, ich bring' dir Gebackenes.« Sie schwiegen aber still und machten die Türe nicht auf: da schlich der Graukopf etlichemal um das Haus, sprang endlich aufs Dach und wollte warten, bis Rotkäppchen abends nach Haus ginge; dann wollte er ihm nachschleichen und wollt's in der Dunkelheit fressen. Aber die Großmutter merkte, was er im Sinn hatte. Nun stand vor dem Haus ein großer Steintrog, da sprach sie zu dem Kind: »nimm den Eimer, Rotkäppchen, gestern hab' ich Würste gekocht, da trag das Wasser, worin sie gekocht sind, in den Trog.« Rotkäppchen trug so lange, bis der

große, große Trog ganz voll war. Da stieg der Geruch von den
Würsten dem Wolf in die Nase, er schnupperte und guckte hinab, endlich
machte er den Hals so lang, daß er sich nicht mehr halten konnte und
anfing zu rutschen: so rutschte er vom Dach herab, gerade in den großen Trog
hinein, und ertrank. Rotkäppchen aber ging fröhlich nach Haus,
und tat ihm niemand etwas zuleid.

DIE BREMER STADTMUSIKANTEN

DIE BREMER STADTMUSIKANTEN

ES HATTE EIN MANN EINEN ESEL, der schon lange Jahre die Säcke unverdrossen zur Mühle getragen hatte, dessen Kräfte aber nun zu Ende gingen, so daß er zur Arbeit immer untauglicher ward. Da dachte der Herr daran, ihn aus dem Futter zu schaffen, aber der Esel merkte, daß kein guter Wind wehte, lief fort und machte sich auf den Weg nach Bremen: dort, meinte er, könnte er ja Stadtmusikant werden. Als er ein Weilchen fortgegangen war, fand er einen Jagdhund auf dem Wege liegen, der jappte wie einer, der sich müde gelaufen hat. »Nun, was jappst du so, Packan?« fragte der Esel. »Ach«, sagte der Hund, »weil ich alt bin und jeden Tag schwächer werde, auch auf der Jagd nicht mehr fort kann, hat mich mein Herr wollen totschlagen, da hab' ich Reißaus genommen; aber womit soll ich nun mein Brot verdienen?« »Weißt du was?« sprach der Esel, »ich gehe nach Bremen und werde dort Stadtmusikant, geh mit und laß dich auch bei der Musik annehmen. Ich spiele die Laute, und du schlägst die Pauken.« Der Hund war's zufrieden, und sie gingen weiter. Es dauerte nicht lange, so saß da eine Katze an dem Weg und machte ein Gesicht wie drei Tage Regenwetter. »Nun, was ist dir in die Quere gekommen, alter Bartputzer?« sprach der Esel. »Wer kann da lustig sein, wenn's einem an den Kragen geht«, antwortete die Katze, »weil ich nun zu Jahren komme, meine Zähne stumpf werden, und ich lieber hinter dem Ofen sitze und spinne, als nach Mäusen herumjage, hat mich meine Frau ersäufen wollen; ich habe mich zwar noch fortgemacht, aber nun ist guter Rat teuer: wo soll ich hin?« »Geh mit uns nach Bremen, du verstehst dich doch auf die Nachtmusik, da kannst du ein Stadtmusikant werden.« Die Katze hielt das für gut und ging mit. Darauf kamen die drei Landesflüchtigen an einem Hof vorbei; da saß auf dem Tor der Haushahn und schrie aus Leibeskräften. »Du schreist einem durch Mark und Bein«, sprach der Esel, »was hast du vor?« »Da hab' ich gut Wetter prophezeit«, sprach der Hahn, »weil unserer lieben Frauen Tag ist, wo sie dem Christkindlein die Hemdchen gewaschen hat und sie trocknen will; aber weil morgen zum Sonntag Gäste kommen, so hat die Hausfrau doch kein Erbarmen und hat der Köchin gesagt, sie wollte mich morgen in der Suppe essen, und da soll ich mir heut' abend den Kopf abschneiden lassen. Nun schrei' ich aus vollem Hals, solang ich noch kann.« »Ei was, du Rotkopf«, sagte der Esel, »zieh lieber mit

uns fort, wir gehen nach Bremen, etwas Besseres als den Tod findest
du überall; du hast eine gute Stimme, und wenn wir zusammen musizieren,
so muß es eine Art haben.« Der Hahn ließ sich den Vorschlag gefallen,
und sie gingen alle viere zusammen fort.

Sie konnten aber die Stadt Bremen in einem Tag nicht erreichen und
kamen abends in einen Wald, wo sie übernachten wollten. Der Esel
und der Hund legten sich unter einen großen Baum, die Katze und der Hahn
machten sich in die Äste, der Hahn aber flog bis in die Spitze, wo
es am sichersten für ihn war. Ehe er einschlief, sah er sich noch einmal nach
allen vier Winden um; da deuchte ihn, er sähe in der Ferne ein Fünkchen
brennen, und rief seinen Gesellen zu, es müßte nicht gar weit ein Haus sein;
denn es scheine ein Licht. Sprach der Esel: »so müssen wir uns auf-
machen und noch hingehen; denn hier ist die Herberge schlecht.« Der Hund
meinte, ein paar Knochen und etwas Fleisch dran täten ihm auch gut.
Also machten sie sich auf den Weg nach der Gegend, wo das Licht war, und
sahen es bald heller schimmern, und es ward immer größer, bis sie
vor ein hell erleuchtetes Räuberhaus kamen. Der Esel, als der größte, näherte
sich dem Fenster und schaute hinein. »Was siehst du, Grauschimmel?«
fragte der Hahn. »Was ich sehe?« antwortete der Esel, »einen gedeckten Tisch
mit schönem Essen und Trinken, und Räuber sitzen daran und lassen's
sich wohl sein.« »Das wäre was für uns«, sprach der Hahn. »Ja, ja, ach, wären
wir da!« sagte der Esel. Da ratschlagten die Tiere, wie sie es anfangen
müßten, um die Räuber hinaus zu jagen, und fanden endlich ein Mittel.
Der Esel mußte sich mit den Vorderfüßen auf das Fenster stellen, der
Hund auf des Esels Rücken springen, die Katze auf den Hund klettern, und
endlich flog der Hahn hinauf und setzte sich der Katze auf den Kopf.
Wie das geschehen war, fingen sie auf ein Zeichen insgesamt an, ihre Musik zu
machen: der Esel schrie, der Hund bellte, die Katze miaute, und der
Hahn krähte; dann stürzten sie durch das Fenster in die Stube hinein, daß die
Scheiben klirrten. Die Räuber fuhren bei dem entsetzlichen Geschrei in
die Höhe, meinten nicht anders, als ein Gespenst käme herein, und flohen in
größter Furcht in den Wald hinaus. Nun setzten sich die vier Gesellen
an den Tisch, nahmen mit dem vorlieb, was übrig geblieben war, und aßen,
als wenn sie vier Wochen hungern sollten.

Wie die vier Spielleute fertig waren, löschten sie das Licht aus und suchten sich eine Schlafstätte, jeder nach seiner Natur und Bequemlichkeit. Der Esel legte sich auf den Mist, der Hund hinter die Türe, die Katze auf den Herd bei die warme Asche, und der Hahn setzte sich auf den Hahnenbalken: und weil sie müde waren von ihrem langen Weg, schliefen sie auch bald ein. Als Mitternacht vorbei war, und die Räuber von weitem sahen, daß kein Licht mehr im Haus brannte, auch alles ruhig schien, sprach der Hauptmann: »wir hätten uns doch nicht sollen ins Bockshorn jagen lassen«, und hieß einen hingehen und das Haus untersuchen. Der Abgeschickte fand alles still, ging in die Küche, ein Licht anzuzünden, und weil er die glühenden, feurigen Augen der Katze für lebendige Kohlen ansah, hielt er ein Schwefelhölzchen daran, daß es Feuer fangen sollte. Aber die Katze verstand keinen Spaß, sprang ihm ins Gesicht, spie und kratzte. Da erschrak er gewaltig, lief und wollte zur Hintertüre hinaus, aber der Hund, der da lag, sprang auf und biß ihn ins Bein: und als er über den Hof an dem Mist vorbei rannte, gab ihm der Esel noch einen tüchtigen Schlag mit dem Hinterfuß; der Hahn aber, der vom Lärmen aus dem Schlaf geweckt und munter geworden war, rief vom Balken herab: »kikeriki!« Da lief der Räuber, was er konnte, zu seinem Hauptmann zurück und sprach: »ach, in dem Haus sitzt eine greuliche Hexe, die hat mich angehaucht und mit ihren langen Fingern mir das Gesicht zerkratzt: und vor der Türe steht ein Mann mit einem Messer, der hat mich ins Bein gestochen: und auf dem Hof liegt ein schwarzes Ungetüm, das hat mit einer Holzkeule auf mich losgeschlagen: und oben auf dem Dache, da sitzt der Richter, der rief: »bringt mir den Schelm her!« Da machte ich, daß ich fortkam.« Von nun an getrauten sich die Räuber nicht weiter in das Haus, den vier Bremer Musikanten gefiel's aber so wohl darin, daß sie nicht wieder heraus wollten. Und der das zuletzt erzählt hat, dem ist der Mund noch warm.

DORNRÖSCHEN

VOR ZEITEN WAR EIN KÖNIG und eine Königin, die sprachen jeden Tag: »ach, wenn wir doch ein Kind hätten!« und kriegten immer keins. Da trug sich zu, als die Königin einmal im Bade saß, daß ein Frosch aus dem Wasser ans Land kroch und zu ihr sprach: »dein Wunsch wird erfüllt werden, ehe ein Jahr vergeht, wirst du eine Tochter zur Welt bringen.« Was der Frosch gesagt hatte, das geschah, und die Königin gebar ein Mädchen, das war so schön, daß der König vor Freude sich nicht zu lassen wußte und ein großes Fest anstellte. Er ladete nicht bloß seine Verwandte, Freunde und Bekannte, sondern auch die weisen Frauen dazu ein, damit sie dem Kind hold und gewogen wären. Es waren ihrer dreizehn in seinem Reiche, weil er aber nur zwölf goldene Teller hatte, von welchen sie essen sollten, so mußte eine von ihnen daheim bleiben. Das Fest ward mit aller Pracht gefeiert, und als es zu Ende war, beschenkten die weisen Frauen das Kind mit ihren Wundergaben: die eine mit Tugend, die andere mit Schönheit, die dritte mit Reichtum und so mit allem, was auf der Welt zu wünschen ist. Als elfe ihre Sprüche eben getan hatten, trat plötzlich die dreizehnte herein. Sie wollte sich dafür rächen, daß sie nicht eingeladen war und ohne jemand zu grüßen oder nur anzusehen, rief sie mit lauter Stimme: »die Königstochter soll sich in ihrem funfzehnten Jahr an einer Spindel stechen und tot hinfallen.« Und ohne ein Wort weiter zu sprechen, kehrte sie sich um und verließ den Saal. Alle waren erschrocken, da trat die zwölfte hervor, die ihren Wunsch noch übrig hatte, und weil sie den bösen Spruch nicht aufheben, sondern nur ihn mildern konnte, so sagte sie: »es soll aber kein Tod sein, sondern ein hundertjähriger tiefer Schlaf, in welchen die Königstochter fällt.«

Der König, der sein liebes Kind vor dem Unglück gern bewahren wollte, ließ den Befehl ausgehen, daß alle Spindeln im ganzen Königreiche sollten verbrannt werden. An dem Mädchen aber wurden die Gaben der weisen Frauen sämtlich erfüllt; denn es war so schön, sittsam, freundlich und verständig, daß es jedermann, der es ansah, lieb haben mußte. Es geschah, daß an dem Tage, wo es gerade funfzehn Jahr alt ward, der König und die Königin nicht zu Haus waren, und das Mädchen ganz allein im Schloß zurückblieb. Da ging es aller Orten herum, besah Stuben und Kammern, wie es Lust hatte, und kam endlich auch an einen alten

Turm. Es stieg die enge Wendeltreppe hinauf und gelangte zu einer kleinen
Türe. In dem Schloß steckte ein verrosteter Schlüssel, und als es
umdrehte, sprang die Türe auf, und saß da in einem kleinen Stübchen eine
alte Frau mit einer Spindel und spann emsig ihren Flachs. »Guten Tag,
du altes Mütterchen«, sprach die Königstochter, »was machst du da?«
»Ich spinne«, sagte die Alte und nickte mit dem Kopf. »Was ist das für ein
Ding, das so lustig herumspringt?« sprach das Mädchen, nahm die Spindel
und wollte auch spinnen. Kaum hatte sie aber die Spindel angerührt,
so ging der Zauberspruch in Erfüllung, und sie stach sich damit in den Finger.

In dem Augenblick aber, wo sie den Stich empfand, fiel sie auf das Bett
nieder, das da stand, und lag in einem tiefen Schlaf. Und dieser Schlaf
verbreitete sich über das ganze Schloß: der König und die Königin, die eben
heimgekommen waren und in den Saal getreten waren, fingen an
einzuschlafen und der ganze Hofstaat mit ihnen. Da schliefen auch die Pferde
im Stall, die Hunde im Hofe, die Tauben auf dem Dache, die Fliegen
an der Wand, ja, das Feuer, das auf dem Herde flackerte, ward still und schlief
ein, und der Braten hörte auf zu brutzeln, und der Koch, der den
Küchenjungen, weil er etwas versehen hatte, in den Haaren ziehen wollte, ließ
ihn los und schlief. Und der Wind legte sich, und auf den Bäumen
vor dem Schloß regte sich kein Blättchen mehr.

Rings um das Schloß aber begann eine Dornenhecke zu wachsen, die
jedes Jahr höher ward und endlich das ganze Schloß umzog und darüber
hinaus wuchs, daß gar nichts mehr davon zu sehen war, selbst nicht die Fahne
auf dem Dach. Es ging aber die Sage in dem Land von dem schönen
schlafenden Dornröschen; denn so ward die Königstochter genannt, also daß
von Zeit zu Zeit Königssöhne kamen und durch die Hecke in das Schloß
dringen wollten. Es war ihnen aber nicht möglich; denn die Dornen, als
hätten sie Hände, hielten fest zusammen, und die Jünglinge blieben darin
hängen, konnten sich nicht wieder losmachen und starben eines jämmerlichen
Todes. Nach langen langen Jahren kam wieder einmal ein Königssohn in
das Land und hörte, wie ein alter Mann von der Dornhecke erzählte, es sollte
ein Schloß dahinter stehen, in welchem eine wunderschöne Königstochter,
Dornröschen genannt, schon seit hundert Jahren schliefe, und mit ihr
schliefe der König und die Königin und der ganze Hofstaat. Er wußte

auch von seinem Großvater, daß schon viele Königssöhne gekommen wären und versucht hätten, durch die Dornenhecke zu dringen, aber sie wären darin hängen geblieben und eines traurigen Todes gestorben. Da sprach der Jüngling: »ich fürchte mich nicht, ich will hinaus und das schöne Dornröschen sehen.« Der gute Alte mochte ihm abraten, wie er wollte, er hörte nicht auf seine Worte.

Nun waren aber gerade die hundert Jahre verflossen, und der Tag war gekommen, wo Dornröschen wieder erwachen sollte. Als der Königssohn sich der Dornenhecke näherte, waren es lauter große schöne Blumen, die taten sich von selbst auseinander und ließen ihn unbeschädigt hindurch und hinter ihm taten sie sich wieder als eine Hecke zusammen. Im Schloßhof sah er die Pferde und scheckigen Jagdhunde liegen und schlafen; auf dem Dache saßen die Tauben und hatten das Köpfchen unter den Flügel gesteckt. Und als er ins Haus kam, schliefen die Fliegen an der Wand, der Koch in der Küche hielt noch die Hand, als wollte er den Jungen anpacken, und die Magd saß vor dem schwarzen Huhn, das sollte gerupft werden. Da ging er weiter und sah im Saale den ganzen Hofstaat liegen und schlafen, und oben bei dem Throne lag der König und die Königin. Da ging er noch weiter, und alles war so still, daß einer seinen Atem hören konnte, und endlich kam er zu dem Turm und öffnete die Türe zu der kleinen Stube, in welcher Dornröschen schlief. Da lag es und war so schön, daß er die Augen nicht abwenden konnte, und er bückte sich und gab ihm einen Kuß. Wie er es mit dem Kuß berührt hatte, schlug Dornröschen die Augen auf, erwachte und blickte ihn ganz freundlich an. Da gingen sie zusammen herab, und der König erwachte und die Königin und der ganze Hofstaat und sahen einander mit großen Augen an. Und die Pferde im Hof standen auf und rüttelten sich: die Jagdhunde sprangen und wedelten: die Tauben auf dem Dache zogen das Köpfchen unterm Flügel hervor, sahen umher und flogen ins Feld: die Fliegen an den Wänden krochen weiter: das Feuer in der Küche erhob sich, flackerte und kochte das Essen: der Braten fing wieder an zu brutzeln: und der Koch gab dem Jungen eine Ohrfeige, daß er schrie, und die Magd rupfte das Huhn fertig. Und da wurde die Hochzeit des Königsohns mit dem Dornröschen in aller Pracht gefeiert, und sie lebten vergnügt bis an ihr Ende.

RUMPELSTILZCHEN

ES WAR EINMAL ein Müller, der war arm, aber er hatte eine schöne Tochter. Nun traf es sich, daß er mit dem König zu sprechen kam, und um sich ein Ansehen zu geben, sagte er zu ihm: »ich habe eine Tochter, die kann Stroh zu Gold spinnen.« Der König sprach zum Müller: »das ist eine Kunst, die mir wohl gefällt! Wenn deine Tochter so geschickt ist, wie du sagst, so bring sie morgen in mein Schloß: da will ich sie auf die Probe stellen.« Als nun das Mädchen zu ihm gebracht ward, führte er es in eine Kammer, die ganz voll Stroh lag, gab ihr Rad und Haspel und sprach: »jetzt mache dich an die Arbeit, und wenn du diese Nacht durch bis morgen früh dieses Stroh nicht zu Gold versponnen hast, so mußt du sterben.« Darauf schloß er die Kammer selbst zu, und sie blieb allein darin.

Da saß nun die arme Müllerstochter und wußte um ihr Leben keinen Rat: sie verstand gar nichts davon, wie man Stroh zu Gold spinnen konnte, und ihre Angst ward immer größer, daß sie endlich zu weinen anfing. Da ging auf einmal die Türe auf, und trat ein kleines Männchen herein und sprach: »guten Abend, Jungfer Müllerin, warum weint Sie so sehr?« »Ach«, antwortete das Mädchen, »ich soll Stroh zu Gold spinnen und verstehe das nicht.« Sprach das Männchen: »was gibst du mir, wenn ich dir's spinne?« »Mein Halsband«, sagte das Mädchen. Das Männchen nahm das Halsband, setzte sich vor das Rädchen, und schnurr, schnurr, schnurr, dreimal gezogen, war die Spule voll. Dann steckte es eine andere auf, und schnurr, schnurr, schnurr, dreimal gezogen, war auch die zweite voll: und so ging's fort bis zum Morgen, da war alles Stroh versponnen, und alle Spulen waren voll Gold. Bei Sonnenaufgang kam schon der König, und als er das Gold erblickte, erstaunte er und freute sich, aber sein Herz ward nur noch goldgieriger. Er ließ die Müllerstochter in eine andere Kammer voll Stroh bringen, die noch viel größer war, und befahl ihr, das auch in einer Nacht zu spinnen, wenn ihr das Leben lieb wäre. Das Mädchen wußte sich nicht zu helfen und weinte; da ging abermals die Türe auf, und das kleine Männchen erschien und sprach: »was gibst du mir, wenn ich dir das Stroh zu Gold spinne?« »Meinen Ring von dem Finger«, antwortete das Mädchen. Das Männchen nahm den Ring, fing wieder an zu schnurren mit dem Rade und hatte bis zum Morgen alles Stroh zu glänzendem Gold gesponnen. Der König freute sich über die Maßen bei dem Anblick,

war aber noch immer nicht Goldes satt, sondern ließ die Müllerstochter in
eine noch größere Kammer voll Stroh bringen und sprach: »die mußt
du noch in dieser Nacht verspinnen: gelingt dir's aber, so sollst du meine
Gemahlin werden. – Wenn's auch eine Müllerstochter ist«, dachte er,
»eine reichere Frau finde ich in der ganzen Welt nicht.« Als das Mädchen allein
war, kam das Männlein zum drittenmal wieder und sprach: »was gibst
du mir, wenn ich dir noch diesmal das Stroh spinne?« »Ich habe nichts mehr,
das ich geben könnte«, antwortete das Mädchen. »So versprich mir,
wenn du Königin wirst, dein erstes Kind.« »Wer weiß, wie das noch geht«,
dachte die Müllerstochter und wußte sich auch in der Not nicht
anders zu helfen; sie versprach also dem Männchen, was es verlangte, und das
Männchen spann dafür noch einmal das Stroh zu Gold. Und als am
Morgen der König kam und alles fand, wie er gewünscht hatte, so hielt er
Hochzeit mit ihr, und die schöne Müllerstochter ward eine Königin.

Über ein Jahr brachte sie ein schönes Kind zur Welt und dachte gar
nicht mehr an das Männchen: da trat es plötzlich in ihre Kammer und sprach:
»nun gib mir, was du versprochen hast.« Die Königin erschrak und
bot dem Männchen alle Reichtümer des Königreichs an, wenn es ihr das Kind
lassen wollte, aber das Männchen sprach: »nein, etwas Lebendes ist mir
lieber als alle Schätze der Welt.« Da fing die Königin so an zu jammern und
zu weinen, daß das Männchen Mitleiden mit ihr hatte: »drei Tage
will ich dir Zeit lassen«, sprach er, »wenn du bis dahin meinen Namen weißt,
so sollst du dein Kind behalten.«

Nun besann sich die Königin die ganze Nacht über auf alle Namen, die
sie jemals gehört hatte, und schickte einen Boten über Land, der sollte
sich erkundigen weit und breit, was es sonst noch für Namen gäbe. Als am
andern Tag das Männchen kam, fing sie an mit Kaspar, Melchior,
Balzer und sagte alle Namen, die sie wußte, nach der Reihe her, aber bei jedem
sprach das Männlein: »so heiß' ich nicht.« Den zweiten Tag ließ sie
in der Nachbarschaft herumfragen, wie die Leute da genannt würden, und
sagte dem Männlein die ungewöhnlichsten und seltsamsten Namen
vor: »heißt du vielleicht Rippenbiest oder Hammelswade oder Schnürbein?«
aber es antwortete immer: »so heiß' ich nicht.« Den dritten Tag kam
der Bote wieder zurück und erzählte: »neue Namen habe ich keinen einzigen

finden können, aber wie ich an einen hohen Berg um die Waldecke
kam, wo Fuchs und Has sich gute Nacht sagen, so sah ich da ein kleines Haus,
und vor dem Haus brannte ein Feuer, und um das Feuer sprang ein
gar zu lächerliches Männchen, hüpfte auf einem Bein und schrie:

>>heute back' ich, morgen brau' ich,

übermorgen hol' ich der Königin ihr Kind;

ach, wie gut ist, daß niemand weiß,

daß ich Rumpelstilzchen heiß'!<<

Da könnt ihr denken, wie die Königin froh war, als sie den Namen hörte,
und als bald hernach das Männlein hereintrat und fragte: >>nun, Frau Königin,
wie heiß' ich?<< fragte sie erst: >>heißest du Kunz?<< >>Nein.<< >>Heißest du
Heinz?<< >>Nein.<< >>Heißt du etwa Rumpelstilzchen?<<

>>Das hat dir der Teufel gesagt, das hat dir der Teufel gesagt<<, schrie das
Männlein und stieß mit dem rechten Fuß vor Zorn so tief in die Erde,
daß es bis an den Leib hineinfuhr: dann packte es in seiner Wut den linken
Fuß mit beiden Händen und riß sich selbst mitten entzwei.

HANS IM GLÜCK

HANS IM GLÜCK

HANS HATTE SIEBEN JAHRE bei seinem Herrn gedient, da sprach er zu ihm: »Herr, meine Zeit ist herum, nun wollte ich gerne wieder heim zu meiner Mutter, gebt mir meinen Lohn.« Der Herr antwortete: »du hast mir treu und ehrlich gedient, wie der Dienst war, so soll der Lohn sein«, und gab ihm ein Stück Gold, das so groß als Hansens Kopf war. Hans zog sein Tüchlein aus der Tasche, wickelte den Klumpen hinein, setzte ihn auf die Schulter und machte sich auf den Weg nach Haus. Wie er so dahin ging und immer ein Bein vor das andere setzte, kam ihm ein Reiter in die Augen, der frisch und fröhlich auf einem muntern Pferd vorbeitrabte. »Ach«, sprach Hans ganz laut, »was ist das Reiten ein schönes Ding! Da sitzt einer wie auf einem Stuhl, stößt sich an keinen Stein, spart die Schuh und kommt fort, er weiß nicht wie.« Der Reiter, der das gehört hatte, hielt an und rief: »ei, Hans, warum laufst du auch zu Fuß?« »Ich muß ja wohl«, antwortete er, »da habe ich einen Klumpen heim zu tragen: es ist zwar Gold, aber ich kann den Kopf dabei nicht gerad halten, auch drückt mir's auf die Schulter.« »Weißt du was«, sagte der Reiter, »wir wollen tauschen: ich gebe dir mein Pferd, und du gibst mir deinen Klumpen.« »Von Herzen gern«, sprach Hans, »aber ich sage Euch, Ihr müßt Euch damit schleppen.« Der Reiter stieg ab, nahm das Gold und half dem Hans hinauf, gab ihm die Zügel fest in die Hände und sprach: »wenn's nun recht geschwind soll gehen, so mußt du mit der Zunge schnalzen und hopp hopp rufen.«

Hans war seelenfroh, als er auf dem Pferde saß und so frank und frei dahinritt. Über ein Weilchen fiel's ihm ein, es sollte noch schneller gehen, und fing an, mit der Zunge zu schnalzen und hopp hopp zu rufen. Das Pferd setzte sich in starken Trab, und ehe sich's Hans versah, war er abgeworfen und lag in einem Graben, der die Äcker von der Landstraße trennte. Das Pferd wäre auch durchgegangen, wenn es nicht ein Bauer aufgehalten hätte, der des Weges kam und eine Kuh vor sich her trieb. Hans suchte seine Glieder zusammen und machte sich wieder auf die Beine. Er war aber verdrießlich und sprach zu dem Bauer: »es ist ein schlechter Spaß, das Reiten, zumal, wenn man auf so eine Mähre gerät wie diese, die stößt und einen herabwirft, daß man den Hals brechen kann; ich setze mich nun und nimmermehr wieder auf. Da lob' ich mir Eure Kuh, da kann einer mit Gemächlichkeit hinterher gehen und hat obendrein seine Milch, Butter und Käse jeden Tag gewiß. Was gäb' ich darum, wenn ich so eine Kuh hätte!« »Nun«, sprach der Bauer, »geschieht Euch so ein großer Gefallen, so will ich Euch wohl die Kuh für das Pferd vertauschen.« Hans willigte mit tausend Freuden ein: der Bauer schwang sich aufs Pferd und ritt eilig davon.

Hans trieb seine Kuh ruhig vor sich her und bedachte den glücklichen Handel. »Hab' ich nur ein Stück Brot, und daran wird mir's doch nicht fehlen, so kann ich, sooft mir's beliebt, Butter und Käse dazu essen; hab' ich Durst, so melk' ich meine Kuh und trinke Milch. Herz, was verlangst du mehr?« Als er zu einem Wirtshaus kam, machte er Halt, aß in der großen Freude alles, was er bei sich hatte, sein Mittags- und Abendbrot, rein auf und ließ sich für seine letzten paar Heller ein halbes Glas Bier einschenken. Dann trieb er seine Kuh weiter, immer nach dem Dorfe seiner Mutter zu. Die Hitze ward drückender, je näher der Mittag kam, und Hans befand sich in einer Heide, die wohl noch eine Stunde dauerte. Da ward es ihm ganz heiß, so daß ihm vor Durst die Zunge am Gaumen klebte. »Dem Ding ist zu helfen«, dachte Hans, »jetzt will ich meine Kuh melken und mich an der Milch laben.« Er band sie an einen dürren Baum, und da er keinen Eimer hatte, so stellte er seine Ledermütze unter, aber wie er sich auch bemühte, es kam kein Tropfen Milch zum Vorschein. Und weil er sich ungeschickt dabei anstellte, so gab ihm das ungeduldige Tier endlich mit einem der Hinterfüße einen solchen Schlag vor den Kopf, daß er zu Boden taumelte und eine Zeitlang sich gar nicht besinnen konnte, wo er war. Glücklicherweise kam gerade ein Metzger des Weges, der auf einem Schubkarren ein junges Schwein liegen hatte. »Was sind das für Streiche!« rief er und half dem guten Hans auf. Hans erzählte, was vorgefallen war. Der Metzger reichte ihm seine Flasche und sprach: »da trinkt einmal und erholt Euch. Die Kuh will wohl keine Milch geben, das ist ein altes Tier, das höchstens noch zum Ziehen taugt oder zum Schlachten.« »Ei, ei«, sprach Hans und strich sich die Haare über den Kopf, »wer hätte das gedacht! Es ist freilich gut, wenn man so ein Tier ins Haus abschlachten kann, was gibt's für Fleisch! Aber ich mache mir aus dem Kuhfleisch nicht viel, es ist mir nicht saftig genug. Ja, wer so ein junges

91

Schwein hätte! Das schmeckt anders, dabei noch die Würste.« »Hört, Hans«, sprach da der Metzger, »Euch zuliebe will ich tauschen und will Euch das Schwein für die Kuh lassen.« »Gott lohn Euch Eure Freundschaft«, sprach Hans, übergab ihm die Kuh, ließ sich das Schweinchen vom Karren losmachen und den Strick, woran es gebunden war, in die Hand geben.

Hans zog weiter und überdachte, wie ihm doch alles nach Wunsch ginge, begegnete ihm ja eine Verdrießlichkeit, so würde sie doch gleich wieder gut gemacht. Es gesellte sich danach ein Bursch zu ihm, der trug eine schöne weiße Gans unter dem Arm. Sie boten einander die Zeit, und Hans fing an, von seinem Glück zu erzählen, und wie er immer so vorteilhaft getauscht hätte. Der Bursch erzählte ihm, daß er die Gans zu einem Kindtaufschmaus brächte. »Hebt einmal«, fuhr er fort und packte sie bei den Flügeln, »wie schwer sie ist, die ist aber auch acht Wochen lang genudelt worden. Wer in den Braten beißt, muß sich das Fett von beiden Seiten abwischen.« »Ja«, sprach Hans und wog sie mit der einen Hand, »die hat ihr Gewicht, aber mein Schwein ist auch keine Sau.« Indessen sah sich der Bursch nach allen Seiten ganz bedenklich um, schüttelte auch wohl mit dem Kopf. »Hört«, fing er darauf an, »mit Eurem Schweine mag's nicht ganz richtig sein. In dem Dorfe, durch das ich gekommen bin, ist eben dem Schulzen eins aus dem Stalle gestohlen worden. Ich fürchte, Ihr habt's da in der Hand. Sie haben Leute ausgeschickt, und es wäre ein schlimmer Handel, wenn sie Euch mit dem Schwein erwischten: das Geringste ist, daß Ihr ins finstere Loch gesteckt werdet.« Dem guten Hans ward bang: »ach Gott«, sprach er, »helft mir aus der Not, Ihr wißt hier herum bessern Bescheid, nehmt mein Schwein da und laßt mir Eure Gans.« »Ich muß schon etwas aufs Spiel setzen«, antwortete der Bursche, »aber ich will doch nicht schuld sein, daß Ihr ins Unglück geratet.« Er nahm also das Seil in die Hand und trieb das Schwein schnell auf einen Seitenweg fort: der gute Hans aber ging, seiner Sorgen entledigt, mit der Gans unter dem Arme der Heimat zu. »Wenn ich's recht überlege«, sprach er mit sich selbst, »habe ich noch Vorteil bei dem Tausch: erstlich den guten Braten, hernach die Menge von Fett, die herausträufeln wird, das gibt Gänsefettbrot auf ein Vierteljahr: und endlich die schönen weißen Federn, die lass' ich mir in mein Kopfkissen stopfen, und darauf will ich wohl ungewiegt einschlafen. Was wird meine Mutter eine Freude haben!«

Als er durch das letzte Dorf gekommen war, stand da ein Scherenschleifer mit seinem Karren, sein Rad schnurrte, und er sang dazu:

»Ich schleife die Schere und drehe geschwind
und hänge mein Mäntelchen nach dem Wind.«

Hans blieb stehen und sah ihm zu; endlich redete er ihn an und sprach: »Euch geht's wohl, weil Ihr so lustig bei Eurem Schleifen seid.« »Ja«, antwortete der Scherenschleifer, »das Handwerk hat einen güldenen Boden. Ein rechter Schleifer ist ein Mann, der, sooft er in die Tasche greift, auch Geld darin findet. Aber wo habt Ihr die schöne Gans gekauft?« »Die hab' ich nicht gekauft, sondern für mein Schwein eingetauscht.« »Und das Schwein?« »Das hab ich für eine Kuh gekriegt.« »Und die Kuh?« »Die hab' ich für ein Pferd bekommen.« »Und das Pferd?« »Dafür hab' ich einen Klumpen Gold, so groß als mein Kopf, gegeben.« »Und das Gold?« »Ei, das war mein Lohn für sieben Jahre Dienst.« »Ihr habt Euch jederzeit zu helfen gewußt«, sprach der Schleifer, »könnt Ihr's nun dahin bringen, daß Ihr das Geld in der Tasche springen hört, wenn Ihr aufsteht, so habt Ihr Euer Glück gemacht.« »Wie soll ich das anfangen?« sprach Hans. »Ihr müßt ein Schleifer werden wie ich: dazu gehört eigentlich nichts als ein Wetzstein, das andere findet sich schon von selbst. Da hab' ich einen, der ist zwar ein wenig schadhaft, dafür sollt Ihr mir aber auch weiter nichts als Eure Gans geben; wollt Ihr das?« »Wie könnt Ihr noch fragen«, antwortete Hans, »ich werde ja zum glücklichsten Menschen auf Erden; habe ich Geld, sooft ich in die Tasche greife, was brauche ich da länger zu sorgen?« reichte ihm die Gans hin und nahm den Wetzstein in Empfang. »Nun«, sprach der Schleifer und hob einen gewöhnlichen schweren Feldstein, der neben ihm lag, auf, »da habt Ihr noch einen tüchtigen Stein dazu, auf dem sich's gut schlagen läßt, und Ihr Eure alten Nägel gerade klopfen könnt. Nehmt hin und hebt ihn ordentlich auf.«

Hans lud den Stein auf und ging mit vergnügtem Herzen weiter; seine Augen leuchteten vor Freude: »ich muß in einer Glückshaut geboren sein«, rief er aus, »alles, was ich wünsche, trifft mir ein wie einem Sonntags-

93

kind.« Indessen, weil er seit Tagesanbruch auf den Beinen gewesen
war, begann er müde zu werden; auch plagte ihn der Hunger, da er allen
Vorrat auf einmal in der Freude über die erhandelte Kuh aufgezehrt
hatte. Er konnte endlich nur mit Mühe weitergehen und mußte jeden Augenblick haltmachen; dabei drückten ihn die Steine ganz erbärmlich. Da
konnte er sich des Gedankens nicht erwehren, wie gut es wäre, wenn er sie
gerade jetzt nicht zu tragen brauchte. Wie eine Schnecke kam er zu
einem Feldbrunnen geschlichen, wollte da ruhen und sich mit einem frischen
Trunk laben: damit er aber die Steine im Niedersitzen nicht beschädigte,
legte er sie bedächtig neben sich auf den Rand des Brunnens. Darauf
setzte er sich nieder und wollte sich zum Trinken bücken, da versah er's, stieß
ein klein wenig an, und beide Steine plumpten hinab. Hans, als er
sie mit seinen Augen in die Tiefe hatte versinken sehen, sprang vor Freuden
auf, kniete dann nieder und dankte Gott mit Tränen in den Augen, daß
er ihm auch diese Gnade noch erwiesen und ihn auf eine so gute Art und,
ohne daß er sich einen Vorwurf zu machen brauchte, von den schweren
Steinen befreit hätte, die ihm allein noch hinderlich gewesen wären.
»So glücklich wie ich«, rief er aus, »gibt es keinen Menschen unter der Sonne.«
Mit leichtem Herzen und frei von aller Last sprang er nun fort,
bis er daheim bei seiner Mutter war.

SCHNEEWEISSCHEN UND ROSENROT

EINE ARME WITWE, die lebte einsam in einem Hüttchen, und vor dem Hüttchen war ein Garten, darin standen zwei Rosenbäumchen, davon trug das eine weiße, das andere rote Rosen: und sie hatte zwei Kinder, die glichen den beiden Rosenbäumchen, und das eine hieß Schneeweißchen, das andere Rosenrot. Sie waren aber so fromm und gut, so arbeitsam und unverdrossen, als je zwei Kinder auf der Welt gewesen sind: Schneeweißchen war nur stiller und sanfter als Rosenrot. Rosenrot sprang lieber in den Wiesen und Feldern umher, suchte Blumen und fing Sommervögel: Schneeweißchen aber saß daheim bei der Mutter, half ihr im Hauswesen oder las ihr vor, wenn nichts zu tun war. Die beiden Kinder hatten einander so lieb, daß sie sich immer an den Händen faßten, sooft sie zusammen ausgingen: und wenn Schneeweißchen sagte: »wir wollen uns nicht verlassen«, so antwortete Rosenrot: »solange wir leben, nicht«, und die Mutter setzte hinzu: »was das eine hat, soll's mit dem andern teilen.«
Oft liefen sie im Walde allein umher und sammelten rote Beeren, aber kein Tier tat ihnen etwas zuleid, sondern sie kamen vertraulich herbei: das Häschen fraß ein Kohlblatt aus ihren Händen, das Reh graste an ihrer Seite, der Hirsch sprang ganz lustig vorbei, und die Vögel blieben auf den Ästen sitzen und sangen, was sie nur wußten. Kein Unfall traf sie: wenn sie sich im Walde verspätet hatten, und die Nacht sie überfiel, so legten sie sich nebeneinander auf das Moos und schliefen, bis der Morgen kam, und die Mutter wußte das und hatte ihrentwegen keine Sorge.
Einmal, als sie im Walde übernachtet hatten, und das Morgenrot sie aufweckte, da sahen sie ein schönes Kind in einem weißen glänzenden Kleidchen neben ihrem Lager sitzen. Es stand auf und blickte sie ganz freundlich an, sprach aber nichts und ging in den Wald hinein. Und als sie sich umsahen, so hatten sie ganz nahe bei einem Abgrunde geschlafen und wären gewiß hineingefallen, wenn sie in der Dunkelheit noch ein paar Schritte weiter gegangen wären. Die Mutter aber sagte ihnen, das müßte der Engel gewesen sein, der gute Kinder bewache.

Schneeweißchen und Rosenrot hielten das Hüttchen der Mutter so reinlich, daß es eine Freude war hineinzuschauen. Im Sommer besorgte Rosenrot das Haus und stellte der Mutter jeden Morgen, ehe sie aufwachte, einen Blumenstrauß vors Bett, darin war von jedem Bäumchen eine Rose. Im Winter zündete Schneeweißchen das Feuer an und hing den Kessel an den Feuerhaken, und der Kessel war von Messing, glänzte aber wie Gold, so rein war er gescheuert. Abends, wenn die Flocken fielen, sagte die Mutter: »geh, Schneeweißchen, und schieb den Riegel vor«, und dann setzten sie sich an den Herd, und die Mutter nahm die Brille und las aus einem großen Buche vor, und die beiden Mädchen hörten zu, saßen und spannen; neben ihnen lag ein Lämmchen auf dem Boden, und hinter ihnen auf einer Stange saß ein weißes Täubchen und hatte seinen Kopf unter den Flügel gesteckt.

Eines Abends, als sie so vertraulich beisammen saßen, klopfte jemand an die Türe, als wollte er eingelassen sein. Die Mutter sprach: »geschwind, Rosenrot, mach auf, es wird ein Wanderer sein, der Obdach sucht.« Rosenrot ging und schob den Riegel weg und dachte, es wäre ein armer Mann, aber der war es nicht, es war ein Bär, der seinen dicken schwarzen Kopf zur Türe hereinstreckte. Rosenrot schrie laut und sprang zurück: das Lämmchen blökte, das Täubchen flatterte auf, und Schneeweißchen versteckte sich hinter der Mutter Bett. Der Bär aber fing an zu sprechen und sagte: »fürchtet euch nicht, ich tue euch nichts zuleid, ich bin halb erfroren und will mich nur ein wenig bei euch wärmen.« »Du armer Bär«, sprach die Mutter, »leg dich ans Feuer und gib nur acht, daß dir dein Pelz nicht brennt.« Dann rief sie: »Schneeweißchen, Rosenrot, kommt hervor, der Bär tut euch nichts, er meint's ehrlich.« Da kamen sie beide heran, und nach und nach näherten sich auch das Lämmchen und Täubchen und hatten keine Furcht vor ihm. Der Bär sprach: »ihr Kinder, klopft mir den Schnee ein wenig aus dem Pelzwerk«, und sie holten den Besen und kehrten dem Bär das Fell rein: er aber streckte sich ans Feuer und brummte ganz vergnügt und behaglich. Nicht lange, so wurden sie ganz vertraut und trieben Mutwillen mit dem unbeholfenen Gast. Sie zausten ihm das Fell mit den Händen, setzten ihre Füßchen auf seinen Rücken und walgerten ihn hin und her, oder sie nahmen eine Haselrute und schlugen auf ihn los, und wenn er brummte, so lachten sie. Der Bär ließ sich's aber gerne gefallen, nur wenn sie's gar zu arg machten, rief er: »laßt mich am Leben, ihr Kinder:

Schneeweißchen, Rosenrot,

schlägst dir den Freier tot.«

Als Schlafenszeit war, und die andern zu Bett gingen, sagte die Mutter zu dem Bär: »du kannst in Gottes Namen da am Herde liegen bleiben, so bist du vor der Kälte und dem bösen Wetter geschützt.« Sobald der Tag graute, ließen ihn die beiden Kinder hinaus, und er trabte über den Schnee in den Wald hinein. Von nun an kam der Bär jeden Abend zu der bestimmten Stunde, legte sich an den Herd und erlaubte den Kindern, Kurzweil mit ihm zu treiben, soviel sie wollten; und sie waren so gewöhnt an ihn, daß die Türe nicht eher zugeriegelt ward, als bis der schwarze Gesell angelangt war.

Als das Frühjahr herangekommen und draußen alles grün war, sagte der Bär eines Morgens zu Schneeweißchen: »nun muß ich fort und darf den ganzen Sommer nicht wieder kommen.« »Wo gehst du denn hin, lieber Bär?« fragte Schneeweißchen. »Ich muß in den Wald und meine Schätze vor den bösen Zwergen hüten: im Winter, wenn die Erde hart gefroren ist, müssen sie wohl unten bleiben und können sich nicht durcharbeiten, aber jetzt, wenn die Sonne die Erde aufgetaut und erwärmt hat, da brechen sie durch, steigen herauf, suchen und stehlen; was einmal in ihren Händen ist und in ihren Höhlen liegt, das kommt so leicht nicht wieder an des Tages Licht.« Schneeweißchen war ganz traurig über den Abschied, und als es ihm die Türe aufriegelte, und der Bär sich hinausdrängte, blieb er an dem Türhaken hängen, und ein Stück seiner Haut riß auf, und da war es Schneeweißchen, als hätte es Gold durchschimmern gesehen: aber es war seiner Sache nicht gewiß. Der Bär lief eilig fort und war bald hinter den Bäumen verschwunden.

Nach einiger Zeit schickte die Mutter die Kinder in den Wald, Reisig zu sammeln. Da fanden sie draußen einen großen Baum, der lag gefällt auf dem Boden, und an dem Stamme sprang zwischen dem Gras etwas auf und ab, sie konnten aber nicht unterscheiden, was es war. Als sie näher kamen, sahen sie einen Zwerg mit einem alten, verwelkten Gesicht und einem ellenlangen schneeweißen Bart. Das Ende des Bartes war in eine Spalte des Baums eingeklemmt, und der Kleine sprang hin und her wie ein Hündchen an einem Seil und wußte nicht, wie er sich helfen sollte. Er glotzte die Mädchen mit seinen roten feurigen Augen an und schrie: »was steht ihr da! Könnt ihr nicht herbeigehen und mir Beistand leisten?« »Was hast du angefangen, kleines Männchen?« fragte Rosenrot.

»Dumme neugierige Gans«, antwortete der Zwerg, »den Baum habe ich mir spalten wollen, um kleines Holz in der Küche zu haben; bei den dicken Klötzen verbrennt gleich das bißchen Speise, das unsereiner braucht, der nicht so viel hinunterschlingt als ihr grobes gieriges Volk. Ich hatte den Keil schon glücklich hineingetrieben, und es wäre alles nach Wunsch gegangen, aber das verwünschte Holz war zu glatt und sprang unversehens heraus, und der Baum fuhr so geschwind zusammen, daß ich meinen schönen weißen Bart nicht mehr herausziehen konnte; nun steckt er drin, und ich kann nicht fort. Da lachen die albernen glatten Milchgesichter! Pfui, was seid ihr garstig!« Die Kinder gaben sich alle Mühe, aber sie konnten den Bart nicht herausziehen, er steckte zu fest. »Ich will laufen und Leute herbeiholen«, sagte Rosenrot. »Wahnsinnige Schafsköpfe«, schnarrte der Zwerg, »wer wird gleich Leute herbeirufen, ihr seid mir schon um zwei zu viel; fällt euch nichts Besseres ein?« »Sei nur nicht ungeduldig«, sagte Schneeweißchen, »ich will schon Rat schaffen«, holte sein Scherchen aus der Tasche und schnitt das Ende des Bartes ab. Sobald der Zwerg sich frei fühlte, griff er nach einem Sack, der zwischen den Wurzeln des Baums steckte und mit Gold gefüllt war, hob ihn heraus und brummte vor sich hin: »ungehobeltes Volk, schneidet mir ein Stück von meinem stolzen Barte ab! Lohn's euch der Kuckuck!« Damit schwang er seinen Sack auf den Rücken und ging fort, ohne die Kinder nur noch einmal anzusehen.

Einige Zeit danach wollten Schneeweißchen und Rosenrot ein Gericht Fische angeln. Als sie nahe bei dem Bach waren, sahen sie, daß etwas wie eine große Heuschrecke nach dem Wasser zu hüpfte, als wollte es hineinspringen. Sie liefen heran und erkannten den Zwerg. »Wo willst du hin?« sagte Rosenrot, »du willst doch nicht ins Wasser?« »Solch ein Narr bin ich nicht«, schrie der Zwerg, »seht ihr nicht? Der verwünschte Fisch will mich hineinziehen!« Der Kleine hatte da gesessen und geangelt, und unglücklicherweise hatte der Wind seinen Bart mit der Angelschnur verflochten: als gleich darauf ein großer Fisch anbiß, fehlten dem schwachen Geschöpf die Kräfte, ihn herauszuziehen: der Fisch behielt die Oberhand und riß den Zwerg zu sich hin. Zwar hielt er sich an allen Halmen und Binsen, aber das half nicht viel, er mußte den Bewegungen des Fisches folgen und war in beständiger Gefahr, ins Wasser gezogen zu werden. Die Mädchen kamen zu rechter Zeit, hielten ihn fest und versuchten, den Bart von der Schnur loszumachen, aber vergebens: Bart und Schnur waren fest ineinander verwirrt. Es blieb nichts übrig, als das Scherchen hervorzuholen und den Bart abzuschneiden, wobei ein kleiner Teil desselben verloren ging. Als der Zwerg das sah, schrie er sie an: »ist das Manier, ihr Lorche, einem das Gesicht zu schänden? Nicht genug, daß ihr mir den Bart unten abgestutzt habt, jetzt schneidet ihr mir den besten Teil davon ab: ich darf mich vor den Meinigen gar nicht sehen lassen. Daß ihr laufen müßtet und die Schuhsohlen verloren hättet!« Dann holte er einen Sack Perlen, der im Schilfe lag, und, ohne ein Wort weiter zu sagen, schleppte er ihn fort und verschwand hinter einem Stein.

Es trug sich zu, daß bald hernach die Mutter die beiden Mädchen nach der Stadt schickte, Zwirn, Nadeln, Schnüre und Bänder einzukaufen. Der Weg führte sie über eine Heide, auf der hier und da mächtige Felsenstücke zerstreut lagen. Da sahen sie einen großen Vogel in der Luft schweben, der langsam über ihnen kreiste, sich immer tiefer herabsenkte und endlich nicht weit bei einem Felsen niederstieß. Gleich darauf hörten sie einen durchdringenden, jämmerlichen Schrei. Sie liefen herzu und sahen mit Schrecken, daß der Adler ihren alten Bekannten, den Zwerg, gepackt hatte und ihn forttragen wollte. Die mitleidigen Kinder hielten gleich das Männchen fest und zerrten sich so lange mit dem Adler herum, bis er seine Beute fahren ließ. Als der Zwerg sich von dem ersten Schrecken erholt hatte, schrie er mit seiner kreischenden Stimme: »konntet ihr nicht säuberlicher mit mir umgehen? Gerissen habt ihr an meinem dünnen Röckchen, daß es überall zerfetzt und durchlöchert ist, unbeholfenes und täppisches Gesindel, das ihr seid!« Dann nahm er einen Sack mit Edelsteinen und schlüpfte wieder unter den Felsen in seine Höhle. Die Mädchen waren an seinen Undank schon gewöhnt, setzten ihren Weg fort und verrichteten ihr Geschäft in der Stadt. Als sie beim Heimweg wieder auf die Heide kamen, überraschten sie den Zwerg, der auf einem reinlichen Plätzchen seinen Sack mit Edelsteinen ausgeschüttet und nicht gedacht hatte, daß so spät noch jemand daherkommen würde. Die Abendsonne schien über die glänzenden Steine, sie schimmerten und leuchteten so prächtig in

allen Farben, daß die Kinder stehen blieben und sie betrachteten.
»Was steht ihr da und habt Maulaffen feil!« schrie der Zwerg, und sein
aschgraues Gesicht ward zinnoberrot vor Zorn. Er wollte mit
seinen Scheltworten fortfahren, als sich ein lautes Brummen hören ließ, und
ein schwarzer Bär aus dem Walde herbeitrabte. Erschrocken sprang
der Zwerg auf, aber er konnte nicht mehr zu seinem Schlupfwinkel gelangen,
der Bär war schon in seiner Nähe. Da rief er in Herzensangst: »lieber
Herr Bär, verschont mich, ich will Euch alle meine Schätze geben, sehet, die
schönen Edelsteine, die da liegen. Schenkt mir das Leben, was habt Ihr
an mir kleinen, schmächtigen Kerl? Ihr spürt mich nicht zwischen den Zähnen:
da, die beiden gottlosen Mädchen packt, das sind für Euch zarte Bissen,
fett wie junge Wachteln, die freßt in Gottes Namen.« Der Bär kümmerte sich
um seine Worte nicht, gab dem boshaften Geschöpf einen einzigen
Schlag mit der Tatze, und es regte sich nicht mehr.

Die Mädchen waren fortgesprungen, aber der Bär rief ihnen nach:
»Schneeweißchen und Rosenrot, fürchtet euch nicht, wartet, ich will mit euch
gehen.« Da erkannten sie seine Stimme und blieben stehen, und als
der Bär bei ihnen war, fiel plötzlich die Bärenhaut ab, und er stand da als ein
schöner Mann und war ganz in Gold gekleidet. »Ich bin eines Königs
Sohn«, sprach er, »und war von dem gottlosen Zwerg, der mir meine Schätze
gestohlen hatte, verwünscht, als ein wilder Bär in dem Walde zu laufen,
bis ich durch seinen Tod erlöst würde. Jetzt hat er seine wohlverdiente Strafe
empfangen.«

Schneeweißchen ward mit ihm vermählt, und Rosenrot mit seinem
Bruder, und sie teilten die großen Schätze miteinander, die der Zwerg in seine
Höhle zusammengetragen hatte. Die alte Mutter lebte noch lange
Jahre ruhig und glücklich bei ihren Kindern. Die zwei Rosenbäumchen aber
nahm sie mit, und sie standen vor ihrem Fenster und trugen jedes Jahr
die schönsten Rosen, weiß und rot.

INHALT

Die schönsten Märchen der Brüder Grimm
Aquarelle von Gunter Böhmer
Insel Verlag Frankfurt am Main 1984
Einmalige numerierte und signierte Ausgabe
in tausend Exemplaren
Die ersten Exemplare sind als Vorzugsausgabe
in Leder gebunden
Reproduktion: Photolitho AG, Gossau/Zürich
Druck: APRINTA, Wemding
Einband: Buchbinderei Lachenmaier, Reutlingen
Printed in Germany

Dieses Exemplar trägt die Nummer

499